石角完爾
Kanji Ishizumi

ユダヤ式Why思考法

世界基準の考える力がつく34のトレーニング

日本能率協会マネジメントセンター

はじめに

～ユダヤ人が優れた思考力をもつ理由

　日本人とユダヤ人を比較すると、前者は情緒的、現象的、具体的、細分的、部分的であり、後者は論理的、本質的、抽象的、全体的、統合的である。
　比喩的にいうと日本人は「仏像の民」であり、ユダヤ人は「書物の民」である。つまり日本人は「目に見えるものに情緒的に動かされる人々」であり、ユダヤ人は「目に見えないものの本質を抽象的に追究する人々」である。
　だから、日本人からみるとユダヤ人は理屈っぽく付き合いきれない、となる。
　しかし、金融業界、証券業界、ハリウッド業界はいうに及ばず最近のIT業界でも世界の名だたる企業の創立者は、その半分以上がユダヤ人である。
　Googleの創立者ラリー・ペイジ、セルゲイ・ブリン、Facebookのマーク・ザッカーバーグ、Dellのマイケル・デル、Microsoftのスティーブ・バルマー、Intelのアンディー・グローブ……数えればきりがない。
　また、ノーベル賞受賞者の3割から4割はユダヤ人が占めている。

　なぜユダヤ人の知的生産力は群を抜いているのか。

　ユダヤ人と一度でも食事を共にすれば、その理由の一端が垣間見えるだろう。

　私はヨーロッパを本拠地とする国際弁護士が本業であるが、故あってユダヤ教に改宗しユダヤ人となった。現在は、ヨーロッパ

に居住している。

　ユダヤ人として、毎日、土曜日も日曜日も朝昼晩の３回の祈りのために、そして聖書勉強会に参加するためシナゴーグと呼ばれるユダヤ教の寺院に行く。同胞と食事をする機会は多い。住んでいるスウェーデンからアメリカやヨーロッパ各地に出かけるときも、現地のシナゴーグに行き、現地の同胞たちと食事する。

　ユダヤ教には「コーシャー」と呼ばれる厳重な食事制限があり、戒律に基づいて処理されたものしか食べられない。だから外食はほとんどしない。異教徒と食卓を囲んでも食べるものがまったく異なるので、あまり楽しい場にはならない。そのため自然とユダヤ人同士が集まってテーブルを囲むことになる。
　ユダヤ人同士が集まると、突然議論が始まる。
　ユダヤ人はとにかく議論や口論が大好きで、興奮してくるとまるで喧嘩をしているのかと日本人には思えるだろう。激しい議論や口論のあとも友好的に食事が続く様子も、日本人にはきっと理解しがたいに違いない。
　ユダヤ人にとって、意見の食い違いは当然のこと。異論反論は大歓迎なのだ。
　討論は一種の芸術であり、口論や討論こそ大脳を鍛え頭を良くし「Wisdom（智恵）」の源泉だと考えられている。ユダヤ教の本質をひと言でいえば"debating"（議論すること）となる。

　ユダヤ人が食事の時に議論しているのは、たとえばこんなことだ。
　「神は全知全能である。よってご自身が動かすことができないほどの岩をつくることができる。だから神は全知全能ではない」
　この三段論法がなぜ変なのかということを真剣に議論している。

議論の多くは、ヘブライ聖書とタルムードに関することだ。ヘブライ聖書（旧約聖書ともいう）はいわずと知れたユダヤ教の正典であり、約3000年前に書かれたにもかかわらず今でも世界のベストセラー第1位であり続けている。

　タルムードは、主にバビロニア（今のイラクのバグダッド）における口伝律法とヘブライ学者の議論を書き留めた議論集であり、日常生活のあらゆる事柄についてのさまざまな規範とそれに関する詳細な議論のすべてが記されている。約1500年前にいまの形になったといわれている。

　真面目なユダヤ人は、ヘブライ聖書とタルムードを毎週勉強しており、どこに何が書かれているか大体頭に入っている。それゆえ、ランチのテーブルに着いた途端、

「タルムードのこの議論に私は賛成だ」

「なぜだ？」

という議論が始まるのだ。

　ヘブライ聖書とタルムードの知識が前提となり議論が進んでいくので、知識がない者はまったくついていけない。

　そうでなくても、ユダヤ人はロジックで相手の議論を崩し、ロジックで相手を納得させる思考ゲームが大好きだ。

　理屈っぽいことを嫌い「あそこの海老天は美味しいね」だとか、プロ野球や芸能ネタで盛り上がる日本人からすると辟易する。

　なぜユダヤ人の知的生産力が優れているのか、おわかりだろうか。それはユダヤ人が「議論をして考える民族」だからである。

　さらにいえば、「なぜ？」「Why？」を徹底的に考えつくす民族なのである。

　頭というのは、根源的な問題を議論しているときが最もよく働く。感動している時でも、怒っている時でもない。ましてや、ぼんやりしている時でもテレビを見ている時でもない。人の講義や

講演を聞いている時でもない。暗記しようとしている時でもない。
　世界で最も議論好きであるユダヤ人の思考力が高いのは、当然のことだといえる。

　世界一を誇るオックスフォード大学とケンブリッジ大学では、有名なチュータリング教育が行われている。これは、教授と１～２名の学生が教授室で１時間半議論するという思考のトレーニングだ。
　つまり、思考力は議論トレーニングで鍛えることができる。議論トレーニングの量に比例して、思考力は高まっていく。
　思考力を高めたければ、ユダヤ人のように議論すればいいのだ。
　でも、どうやって？　議論の相手がいない？
　そう、オックスフォードやケンブリッジと違い日本では議論の相手が見つからない。そこで、日本人がひとりでもできる議論トレーニングの方法を本書で提示していきたいと思う。
　ユダヤ人が幼い頃から例外なく読んできた「タルムード」を基に、ユダヤ人が普段行っている議論の一部を誌面上で再現していこう。
　本書を読むことで、ユダヤ式の「考えるトレーニング」を体験し、日々の思考トレーニングに取り入れていただきたい。

～ユダヤ人の思考のサンプル――ユダヤ人は四次元的に考える

　たとえば、ユダヤ人は次のようなことを日ごろから考え、議論している。

　　議論サンプルA
　アヘン取引の危険地帯で誘拐殺人が横行する地帯にふたりの人間が潜入してアヘン・マフィアに拘束され殺害された。

ひとりはアヘンで金儲けを企んだビジネスマンで独身、もうひとりはアヘンで苦しむ子どもを取材するために現地に入った著名なジャーナリストで妻とふたりの子どもがいる。
　マスコミの同情的報道は圧倒的に後者に集中する。しかし、神の見方は逆になる。ジャーナリストの魂は相当厳しい神の審問が待っているだろう。なぜだろうか？

　議論しない国は衰退する。議論しない国から革新は生まれない。議論しない国は進歩がない。
　私がこの本でいう議論とはテレビ番組などで見られる討論ではない。テレビなどの公の場所で発言することがはばかられる議題について議論することである。
　社会の根底を揺さぶるような題材について議論すること——それがこの本でいう議論である。
　議論するということは場の雰囲気を読まないということだ。議論するということは場の雰囲気をつぶすということだ。

　国民全体が場の空気を読むことによる戦略的欠陥は個人レベル、会社レベル、組織レベルのみならず国家レベルでも密かに起こっている。
　そのひとつを次のサンプルで示そう。

　議論サンプルB
　「日本は大量のアメリカ国債を外貨準備として保有し、その量は147兆円である。よって日本は、財政破綻はしない」
　この論法は正しいだろうか？

　私は、この論法は破綻していると考えているのだが、その理由は外貨準備高における金の国別シェアを見ればわかる。つまり、

外貨準備における金保有量の割合である。

＜各国の外貨準備高における金の割合＞

アメリカ：74.0%	イギリス：11.3%
ポルトガル：72.8%	南アフリカ：10.7%
ベネズエラ：70.2%	フィリピン：9.9%
ドイツ：68.7%	クウェート：9.2%
イタリア：67.7%	スウェーデン：8.3%
フランス：66.8%	スイス：7.7%
オランダ：57.2%	インド：6.9%
オーストリア：43.7%	オーストラリア：6.0%
ベルギー：36.2%	台湾：4.1%
スペイン：21.8%	タイ：3.7%
トルコ：16.0%	インドネシア：2.8%
ロシア：13.0%	日本：2.5%

WORLD OFFICIAL GOLD HOLDINGS
International Financial Statistics, March 2015

日本の割合は極めて低いことは明らかである。

一方、当のアメリカやドイツ、イタリア、フランス、オランダ、ポルトガル、ベネズエラ、オーストリア、ベルギー、イギリスなどはたっぷりと金を蓄えているのである。また、中国とロシアは、公表こそしないが金を大量に貯め込んでいるともいわれている。

このデータから何を考えるだろうか。

「日本は財政破綻しない。外貨準備は世界一だ」などと経済評論家がいうこともあるが、経済評論家がつくる場の雰囲気というのは数字だけの嘘であるケースも多い。

金こそがあらゆる経済的価値の源泉であり、ひいては国家存立そのものの源泉ではないか、金に裏打ちされない外貨準備など屁

の突っ張りにもならないのではないか——こうした反論は起こらないだろうか。

もうひとつユダヤ人の議論を紹介しよう。

[議論サンプルC]
「国も個人も蓄えは紙幣や株式、国債でもつべきか、それとも金銀宝石でもつべきか?」

ユダヤ人が議論をする時、その場の雰囲気に流されることはない。現代の風潮に流されることはなく、いつも数千年という歴史を振り返って何が一番良いかと、歴史に答えを求める。

ユダヤ人は場の雰囲気に流されることなく、事実、特に歴史的事実、経済的事実、統計的事実を探し求め、それから判断するようにするのだ。

一方、多くの日本人は「○○評論家がいっている」「テレビでいっていた」「週刊誌に書いてある」「新聞でこう書いてある」といつも現在(または長くてもせいぜいここ数カ月)の場の雰囲気に左右されて物事を判断する。

こうした例は枚挙に暇がない。

かつて日本にはマル優という制度があった。300万円までの預金の利子には税金がかからないという制度で、多くの人々が狂ったように利用した。今ではNISAという制度を、多くの人々が狂ったように利用している。そして本書を執筆している現在、株価が2万円台の大台に乗ると、今度は多くの人々が狂ったように株式投資を考えている。

ユダヤ人の場合、場の雰囲気に左右されることはない。何千年

という歴史を振り返って出した答えは自ずと違ってくる。
　何千年という人類の歴史を振り返り、それに基づき今を判断するということは、いわば四次元的にものを考える、あるいは神の視点からものを考えるということだ。
　そのことが本書を読むにつれわかっていただけると思う。

　本書を読み通すことで、今あげたような問題も自分の頭で考え、答えを出していけるようになるであろう。
　そうすれば会社の中だけでなく会社を辞めたあともしっかりと自分を守ることができるようになる。

　ユダヤ人が科学的革新を生み出し、しかも、しっかりと財産を保全している秘密は、根源的な問題を4000年という歴史的視点で議論していることにあるのだ。

　他者と意見の対立する議論を避けないことだ。根源的な問題を考え、議論すること以外に自分を守る方法はない。

　日本人は、個人も、会社も、国レベルでも「自己中心的だ」、「利己主義だ」、「協調性がない」、「変人だ」、「ユニークで破天荒だ」といわれるようにならないといけない。
　本書がその一助になることを祈っている。

2015年4月　石角　完爾

CONTENTS

はじめに …………………………………………………………… 3

Lesson 0
今、日本人が身につけるべき思考力とは？

日本人に足りないものとは何か？ ………………………… 20
すべては「なぜ？」から始まる ……………………………… 22

PART 1　準備編　思考停止状態から脱出せよ！

Lesson 1
すべてを議論の対象とする
～批判的に考えるための基本

First Question ― トレーニング1 ………………………… 26
　議論を避けようとしていないか ……………………………… 26
　「当たり前」という思考停止状態に陥っていないか ………… 27
　思考停止がもたらした悲劇 …………………………………… 28
　思考停止を脱却する唯一の方法 ……………………………… 29
Practice　「手と足と目と口、一番偉いのは誰？」
― トレーニング2 …………………………………………… 31

どんなことでも俎上に乗せるユダヤ人 ································ 33
　　議論や口論はユダヤ人のアイデンティティ ························ 33
　　議論・反論することの重要性 ·· 34
　　「なぜ？」と問いかけることから始まる ······························ 36
　　思考の「例外」や「タブー」を捨てる ·································· 37
Practice 「モーゼの反論」── トレーニング3 ························· 39
　　神にまで反論するユダヤ人 ··· 40
　　常識や世論、権威にこそ疑いの目を向ける ······················· 42
Practice 「デボラの戦い」── トレーニング4 ························· 44
　　「議論」が道を切り拓く ··· 45
　　「当たり前」を乱すことを恐れない ···································· 46
　　相手が誰であれ議論を挑む ·· 47
　　議論が未来を切り拓く ·· 48

Lesson 2
論点を見つける
～物事を深く考えるための基本

First Question ── トレーニング5 ······································ 52
　　「何を考えればいいか」がわからない日本人 ······················ 52
　　考えること、議論することは娯楽である ··························· 53
　　"ハエトーク"が導く思考の広がり ····································· 54
　　思考の"つま"をなくせるか ··· 56
　　ユダヤ人の論点主義の起源 ·· 57
Practice 「はじまりの物語」── トレーニング6 ····················· 59
　　あらゆる角度から一言一句に疑問をもつ ·························· 60
　　「正解」は与えられるものではなく、自ら考えつかむもの ····· 63

思考を深めるとは、一言一句を批判的分析的に
　　深読みするということ ……………………………… 64
Practice　「悪いのは誰？」― トレーニング7 ……………… 70
　　論点から「本質」に近づくヒント …………………………… 71
　　論点の重要度を把握する………………………………… 72
　　別の視点から考える……………………………………… 72

Lesson 3
思考の枠を外す
~柔軟に考えるための基本

First Question ― トレーニング8 ……………………………… 76
　　思考の柔軟性が問われる質問…………………………… 76
　　凝り固まった考えが柔軟な思考を阻む………………… 77
　　崖っぷちに立ったインテルの決断……………………… 79
Practice　「ペサハを迎えることはできるか？」
　　― トレーニング9 ……………………………………… 81
　　どこまで頭を柔軟にできるか…………………………… 82
　　まずは「No」という ……………………………………… 85
Practice　「海を渡るモーゼ」― トレーニング10 ……………… 88
　　本当に「あり得ない」のだろうか？ ……………………… 89
　　すべては「想定可能」である …………………………… 90
　　可能性を否定した瞬間に思考は停止する …………… 92

PART 2 問題解決力…戦う力、生き抜く力を身につける

Lesson 4
感情に流されない
〜問題を冷静に考える力を身につける

First Question — トレーニング 11 ･････････････････････････ 96
　マスコミに流されていないだろうか ････････････････････ 96
　流されないために自分の頭で考える ･････････････････････ 98
Practice 「親鳥とヒナ」— トレーニング 12 ･･････････････ 100
　「可哀そうだから」は理由にならない ･･･････････････････ 101
　「根拠は何か」を徹底的に考える ･･･････････････････････ 103
　世界のリーダー養成機関で行われている考える授業 ････････ 104
Practice 「キツネと葡萄畑」— トレーニング 13 ･･････････ 106
　リスクの捉え方でとるべき戦略が決まる ･･････････････････ 107
　冷静に「現実」を分析する ･･････････････････････････ 108
　Dreamer（空想家）からAnalyst（分析家）へ ････････････ 109
Practice 「堕胎の規律」— トレーニング 14 ･･････････････ 111
　「定義」を考える ････････････････････････････････ 112
　「定義」が論理的思考のスタートである ････････････････ 114

Lesson 5
「あれもこれも」をやめる
〜自分のスタンスを明らかにする

First Question — トレーニング 15 ･･････････････････････ 118

投資とリターンの視点 ………………………………… 118
Practice 「ナポレオンとニシンの話」— トレーニング16 …… 120
　確実に成果を得ることを目的にすると？ ……………… 121
　守備範囲を明確にする ………………………………… 122
Practice 「魔法のザクロ」— トレーニング17 ……………… 124
　「あれも」「これも」は手に入らない …………………… 127
　「選択」と「集中」を考える …………………………… 128
　三次元的な取捨選択 …………………………………… 129

Lesson 6
「なぜ」に目を向ける
～本質的な価値に近づく

First Question — トレーニング18 ………………………… 134
　革新か、自己満足か …………………………………… 134
　人々の暮らしにインパクトを与える技術革新を ……… 135
　「根源的な価値」を追求するユダヤ人 ………………… 136
　ユダヤ思考の本質は「なぜ？」にある ………………… 137
　「なぜ？」が根源的な価値へと導く …………………… 138
Practice 「光ある世界と、暗黒の世界」— トレーニング19 … 141
　「なぜ」を徹底的に掘り下げる ………………………… 142
Practice 「ノアの方舟の真実の話」— トレーニング20 …… 146
　「なぜ」を考え尽くした先に見えるもの ……………… 147
　「How」ではなく「Why」と問いかける ……………… 149
　「Why」思考が本質へと導く ………………………… 150

PART 3 イノベーション思考…未来を切り拓く力

Lesson 7
別の次元から物事を見る
~発想を逆転させる

First Question — トレーニング 21 ・・・・・・・・・・・・・・・・・・ 154
　ニュートン、コペルニクス的発想のさらに先へ・・・・・・・・・・・ 154
　逆転の発想が生み出した数々のイノベーション・・・・・・・・・・・ 155
　「活路」を見出すためには思考するしかない・・・・・・・・・・・・・ 157
Practice 「子牛とイタチ」— トレーニング 22 ・・・・・・・・ 158
　抽象化して考えるヒント・・・・・・・・・・・・・・・・・・・・・・・・・ 159
　考えつくすことで活路を見出す ・・・・・・・・・・・・・・・・・・・・ 160
　困難・制約が思考を柔軟にする ・・・・・・・・・・・・・・・・・・・・ 161
　制約から生まれたビジネスモデル・・・・・・・・・・・・・・・・・・・ 162
Practice 「安息日か、それとも就職か」— トレーニング 23 ・・・ 164
　「二兎を追う」にはどうするか？・・・・・・・・・・・・・・・・・・・・ 165
　思考の「時間軸」を変える・・・・・・・・・・・・・・・・・・・・・・・・ 165
　「現在」から自分自身を解き放つ ・・・・・・・・・・・・・・・・・・・ 167
　長期的な視点をもつということ ・・・・・・・・・・・・・・・・・・・・ 168
Practice 「ふたりの泥棒」— トレーニング 24 ・・・・・・・・ 170
　「認識」「事実」「真理」を区別する ・・・・・・・・・・・・・・・・・・ 171
　観客の視点を超越する「神の視点」をもつ ・・・・・・・・・・・・・ 173
　柔軟な思考が逆転の発想を生む ・・・・・・・・・・・・・・・・・・・・ 174
Practice 「兵士とパスポート」— トレーニング 25 ・・・・・・ 176
　起死回生をかけた判断力・・・・・・・・・・・・・・・・・・・・・・・・・ 177
　「敵」は本当に敵なのか？・・・・・・・・・・・・・・・・・・・・・・・・ 178
　思考を飛躍させるには？・・・・・・・・・・・・・・・・・・・・・・・・・ 179

Practice 「追いつめられたユダヤ人の奇策」
　— トレーニング 26 ･････････････････････････････ 181
　勝ち目のない勝負は「ルール」そのものを変える･･････････ 182
　ルール、前提を取り払って考える･････････････････････ 183

Lesson 8
人間の本質をつかむ
～ありたい未来を予測し、実現する

First Question — トレーニング 27 ･･････････････････････ 186
　何が人を動かすのか？ ･･････････････････････････････ 186
　ビジネススクールでは教えられないビジネスの勘所･･･････ 187
　「しくみ」をつくるのが得意なユダヤ人････････････････ 188
Practice 「一人前のユダヤ人の条件」— トレーニング 28 ････ 190
　人が動く"ツボ"をつかむ力 ･･････････････････････････ 191
　言動の裏に隠された心理を探る ･････････････････････ 192
Practice 「ふたりの乞食」— トレーニング 29 ････････････ 197
　「心理戦」を仕掛ける ･･･････････････････････････････ 198
　人を動かす「動機」に着目する ･･････････････････････ 199
　「しくみ」をつくる思考法 ････････････････････････････ 200

Lesson 9
背景にある哲学をつかむ
~ゆるがない価値観をもつ

First Question — トレーニング 30 ·········· 204
　なぜ的外れな主張をしてしまうのか？ ············ 204
　問題の真の論点とは？ ························ 205
　自分自身の価値観を探るヒント ················ 207

Practice　「古代ユダヤの離縁状」— トレーニング 31 ········ 208
　「なんのための議論か」を見極める ················ 209

Practice　「牛とロバ」(1) — トレーニング 32 ············ 212
　背景にある哲学は何かを考える ················ 213
　表面的な理解では、いいたいことは伝わらない ···· 214
　「真のメッセージ」に気づくには？ ················ 215

Practice　「牛とロバ」(2) — トレーニング 33 ············ 217
　価値観に裏付けられた論理を構築する ············ 218
　価値観を貫くためにこそ論理を使う ·············· 219
　ユダヤ人の主張に反論するにはどうするか？ ······ 219

Practice　「聖なる子牛はどっち？」— トレーニング 34 ······ 222
　抽象化して考えるには？ ······················ 223
　物事の本質や原理を探る ······················ 225

おわりに
　～なぜ、日本人はiPhoneをつくれなかったのか？～ ······ 228

Lesson 0

今、日本人が
身につけるべき
思考力とは？

▶日本人に足りないものとは何か？

　超ひも理論の権威として有名なミチオ・カクという物理学者がいる。
　彼は日系アメリカ人で、高校生の頃から天才と呼び名が高かった。生まれ育ったカリフォルニア州でヘブライ聖書の日曜学校に通い、聖書に描かれるさまざまな物語を聞くのが好きだったようだ。

　天才物理学者ミチオ・カクを生み出したものは何だったのか。
　彼が6歳の時に日曜学校の先生に問いかけた質問にその片鱗を見ることができる。

　カク少年──「神様にお母さんはいるの？」
　先生──「神様にお母さんはいないと思うよ」
　カク少年──「じゃぁ、神様はいったいどこから来たの？」

<small>(『パラレルワールド──11次元の宇宙から超空間へ』ミチオ・カク（著）、斉藤 隆央（訳）、日本放送出版協会)</small>

　こういう質問が発せられることがとても重要である。
　質問こそが、あらゆる思考の始まりとなるからだ。

　果たして、日本の同年代の子どもたちからは、このような質問が出るだろうか。

　ユダヤ教のエッセンス（最も重要な教義）は「質問」することである。**ユダヤ人は質問する人、日本人は質問しない人**といってもいいだろう。
　先生が黒板に書くことをそのままノートに写し、教科書に書かれたことを丸暗記するのが"良い子の勉強法"だと教えられてい

るのが日本の子どもたちである。
　「神という存在がこの世をおつくりになりました」と先生がいったなら、「あぁ、そういうものか」と素直に納得して終わってしまうだろう。

　カク少年のように、先生の教えや聖書の記述ひとつに素通りせず、「あれ？　それってどういうこと？」と疑問をもち、質問を投げかけることができるかどうか。
　これこそが日本人に足りないものであり、日本人がぜひとも身につけたい思考である。

　カク少年はまた、日曜学校でのヘブライ聖書の勉強会で、先生が何気なくいった言葉に衝撃を受けたという。

　「神様は地球をとても愛していらしたから、太陽からちょうどよく離れたところに置かれたのですよ」

　神の天地創造において、地球を太陽からちょうどよい位置に置いたから、地球に生命が誕生したというわけだ。
　もし地球が太陽からもっと離れていたら、海は凍結していただろう。地球は火星のような凍てついた惑星になっていたはずだ。あるいは、地球がもっと太陽に近かったら、海は蒸発してなくなり、金星のように灼熱の惑星が誕生していただろう。太陽との距離が近すぎても遠すぎても生命は生まれなかったのだ。

　この事実にカク少年は興奮を抑えられなかった。
　太陽と地球の絶妙な位置関係は単なる偶然なのか、それとも誰かが必然を求めてそこに置いたのか。だとしたら、地球をそこに置いたのは誰なのか。カク少年はこれらの疑問を必死に考えたと

いう——これが、カク少年を宇宙物理学に惹きつけ、後の天才物理学者を生み出した幼児期の原体験である。

■ すべては「なぜ？」から始まる

　「なぜ？」という疑問がすべての思考の着火点である。

　進化論でいえば、人間はサルから進化したというが、「なぜサルからペンギンが進化しなかったのだろうか？」という疑問が生まれてもおかしくない。遺伝子が少しずつ突然変異していったら、サルがペンギンになっていくかもしれない。あるいは、「なぜサルがゴキブリに進化しなかったのだろう？」という疑問も生まれるかもしれない。
　遺伝子が少しずつ傷ついて退化することも考えられるし、もっと別の動物が昆虫になっていくかもしれない。
　しかし、現実にそういうことは起きなかった。サルは人間に進化したが、ペンギンやゴキブリにはならなかったのだ。

　これは考えてみればとても不思議なことなのだ。
　サルが人間に進化したのは、偶然ではない何かがそこにあったからではないか。必然だとすると、どんな必然があったのだろう？
　日本の子どもがそういう疑問を抱かなければ、将来偉大な生物学者が日本から生まれることはない。

　日本の学校や家庭環境にも問題があると思う。
　残念ながら子どもの疑問を引き出すような環境とはいえない。

　たとえば「神様にお母さんはいるの？」「なぜサルはペンギンに進化しなかったの？」と子どもがたずねた時に、日本の学校の

先生や親はどう対応するだろうか。

「変な質問をする子ね」とまともに相手にしないことが多いのではないか。子どもがしつこく食い下がろうものなら、先生はその子に授業の邪魔をする"悪い子"というレッテルを貼るだろう。

せっかく芽生えた子どもの好奇心を摘み取ってしまうだけでなく、疑問を封じれば、思考も封じ込めることになる。

子どものどんなに素朴で突拍子もない質問にも、「それは面白い質問だね」と耳を傾け、一緒に考えることができるかどうか。

何事にも疑問をもつ思考力を育てるには、子どもの頃の教育環境がとても重要なのである。

カク少年と先生の間で交わされたような質疑応答は、ユダヤの家庭ではごく自然に見られる風景である。

ユダヤの母親は子どもが幼いうちから、ヘブライ聖書やタルムードの教えにまつわる説話をくり返し読み聞かせ、語って聞かせる。そして説話に登場した人間や動物たちの行動について「あなたならどうする？」と問いかける。子どもが答えると、「なぜそう思うの？」とまた質問する。子どもは自分なりの答えを出そうと必死で考える。

親子での議論を通して、子どもの思考力が鍛えられていくのである。

あらゆることに疑問をもち、質問すること——日本人はまずここから始めるべきだろう。

子どもの頃の環境が大事だと述べたが、では大人になった読者はもう手遅れなのか。

決してそのようなことはない。思考力はいつからでも鍛えるこ

とができる。

 大切なのは、とにかく頭を働かせることである。どんなに些細な疑問でもいい。疑問を抱くことからしか思考は働かないのだ。

 ユダヤ人が幼い頃から自由に思考を巡らし、人生の知恵を学ぶための教科書として親しんできたタルムード——次からは、タルムードを使って今からでも取り組めるユダヤ式思考法を紹介していこう。

Part 1

準備編
思考停止状態から脱出せよ！

Lesson
1

すべてを議論の
対象とする
〜批判的に考えるための基本

First Question

トレーニング1

　食事中に、子どもがコップの中の水を見つめて、「水はなぜ透明なの？」と質問した。
　あなたは何と答えるだろうか？

■ 議論を避けようとしていないか

　「なぜ空は青いの？」「なぜ鳥は空を飛べるの？」「月はなんで明るいの？」「あのおじさんはなんで禿げてるの？」
　――子どもはとかく好奇心旺盛である。目にするあらゆる物事に興味をもち、「なぜ？」「どうして？」と質問する。
　大人にとってはどうでもいいように思えることや、当たり前すぎて疑問すら感じないようなこと、あるいは、相手を困らせないためにあえて質問しない事柄についても、平気で問いかけてくる。
　そんな質問に思わず答えに詰まる場面も多いのではないか。

　そこで先ほどの質問である。「水はなぜ透明なの？」と聞かれたら、あなたはどう答えるだろうか。

a)「そんなことはどうでもいいでしょ。いまは食事中なんだから、しゃべってばかりいないでさっさと食べてしまいなさい」と食事中のおしゃべりを注意する。
b)「水は透明だって決まってるのよ」と、水とはそういうものだと言い聞かせる。

c)「どうしてだと思う？」と質問し、子どもと一緒に考えようとする。

想定される対応を３つ挙げてみた。
ここでa）やb）を選んだ人は要注意。思考停止の傾向が強い。

「当たり前」という思考停止状態に陥っていないか

　思考を深く巡らさなくても、普段の生活にはまったく困らないことが多い。常識や"当たり前"とされていること、社会の通例のようなものは、いちいち疑問を呈して突きつめて考えなくても、阿吽の呼吸で物事が進んでいく。
　むしろ、「なぜ？」と立ち止まって考えることは、かえって周囲との調和を乱し、軋轢を生みだすもとになることもある。そんな人がいれば、「なんて面倒な奴なんだ」「大人なのだから空気を読んでほしい」と周りから煙たがられるだけだ。

　「水はなぜ透明なのか」――この問いもまさにその類ではないか。
　水とは透明なもの。以上、終わり。これが多くの"分別ある"大人の対応だろう。
　とはいえ、「水はなぜ透明なのか？」とたずねられて、きちんと答えられる人はどれくらいいるだろうか。水が透明である理由など深く考えたことがなく、きちんと答えられる人は少ないのではないか。
　答えられないから、「そんなくだらないおしゃべりはやめて、食事に集中しなさい」とマナーの問題にすり替えたり、「水とはそういうものだ」とそれ以上の議論をシャットアウトしたりする。
　これは、まさに**思考停止の状態**である。

■ 思考停止がもたらした悲劇

　思考停止は、ときに取り返しのつかない事態を引き起こす。
　2003年に起きた、スペースシャトル・コロンビア号の空中分解事故。コロンビア号が地球の大気圏へ再突入する際、機体の爆発により７人の宇宙飛行士の命が犠牲になった。
　これは思考停止がもたらした悲劇だといえる。

　あの事故はなぜ起きてしまったのか。
　当時のNASAの地上チームの事故対応の詳細を調べた研究結果が、『START-UP NATION――THE STORY OF ISRAEL'S ECONOMIC MIRACLE』（邦題『アップル、グーグル、マイクロソフトはなぜ、イスラエル企業を欲しがるのか――イノベーションが次々に生まれる秘密』、ダン・セノール／シャウル・シンゲル著、宮本喜一訳、ダイヤモンド社）に紹介されている。
　イスラエル企業の強さの秘密に迫ったこの本は、アメリカでベストセラーになった。

　本の記述によると、あの事故は、**議論を封じ込めようとする硬直した現場の空気に問題があった**という。爆発の直接の原因は、離陸時に機体から剥がれ落ちた発砲断熱材のかけらが、シャトルの左主翼を直撃してできた穴であることが明らかになっている。
　ここである疑問が生じる。離陸時に発泡材が主翼に衝突してから、大気圏に再突入して爆発するまで、２週間という時間が経過しているのだ。
　この間に、事故を回避する何らかの手を打つことはできなかったのだろうか。
　実はこのとき、NASAの内部に、大惨事を引き起こす危険性を予測し、シャトルに生じた損傷を早急に確認し修復すべきだと訴

えたエンジニアがいたそうだ。しかし、エンジニアの訴えは上層部に却下されてしまう。過去の打ち上げでも発泡材の剥離による機体の損傷は生じているが、事故にはつながらなかったというのが理由だった。

経験則から考えて、今回の剥離も大事には至らないだろうから、定期的な機体整備で対応すればいい。よって、それ以上の議論は必要なし、と結論づけられてしまったのである。

エンジニアの危機感がチーム内で共有、議論されることはなかった。それが結果的に、最悪の事態を招いてしまったのである。

▶ 思考停止を脱却する唯一の方法

コロンビア号の惨事と対照的に語られるのが、アポロ13号の生還である。

1970年、アポロ13号が発射されて2日後、主酸素タンクのひとつが爆発するという事故に見舞われた。地球への帰還が危ぶまれたが、NASAのチームは臨機応変に対応し、結果的には飛行士を無事地球に帰還させることに成功した。

この違いは何だったのだろうか。

『START-UP NATION』では次のことが指摘されている。

まずは、**チーム内で自由に意見がいいあえる環境**にあったこと。首席管制官のジーン・クランツは、打ち上げの何カ月も前からNASA内部のみならず、外部の請負企業も交えて意思疎通が最大限に図れるよう実践的訓練を積み重ねていた。

そして、**例外なくあらゆることを議論する習慣が普段から奨励されていた**ことである。立場にかかわらず、自由に意見がいえて、お互いの意見に耳を傾ける環境。どんな些細なことも(たとえそれが既知の事柄であっても)、一刻一刻と変化する状況では、議

論することで新たな知恵に変えていくことができる。**絶体絶命と誰もが思ったアポロ13号を救ったのは、どんな状況においてもタブーや例外なく議論しようとする姿勢**だったのだ。

こうした危機迫った場面に限らず、**思考停止が組織の硬直化や停滞を招く**ことはみなさんも普段から肌で感じているだろう。**思考停止を脱却する唯一の方法は、自分を取り巻くあらゆる事柄、特に社会的に対立する問題点を議論の対象にすること**だ。

ユダヤ思考を手に入れる第一歩として、まずはここから始めてみてほしい。特に、世間や社会、社内や仲間内で話題にしてはいけないという空気がある事項、たとえばこういった議論である。

——「捕鯨は許されるか」「父親が実の娘を性的に虐待するのをどう防止するか」「イスラム教はそもそも平和な宗教か」「人の宗教を馬鹿にすることも表現の自由として許されるか」「ノーベル賞が少ないから中国人は日本人より劣る民族か」「ISISの残虐性は旧日本軍の残虐性とどう違うか」「原爆投下や東京大空襲は無差別大量虐殺でありISISよりひどい非人間的行為か」。

これらの議論は、公の場ではしにくいだろうから、まずは友人や家族との間でやってみることだ。

なぜ社会的に公に議論しづらいことを家庭内で議論することから始めよ、というのか。それは多数意見と少数意見が明確に分離し、議論が白熱しやすいからである。白熱するということは、思考が働くということだからだ。

Practice──手と足と目と口、一番偉いのは誰？

トレーニング2

　ある国の王様が、不治の病に侵された。どんな医者もこの病を治せず、王様はどんどん衰弱していくばかりである。
　そんな折、ある祈祷師が通りかかって、病気の診断をした。
「この病気を治すには、世界で最も手に入りにくいといわれている母ライオンのミルクを飲ませるしかありません」
　そこで、「母ライオンのミルクを取ってきた者には、どんな褒美でもとらせる」とおふれが出された。
　とはいえ、子どもを守ろうとする母ライオンは、近づく者を皆咬み殺してしまう。褒美は魅力的だったが、国中の人間は怖がって、ライオンのミルクなどとても取りには行けなかった。
　しかし、村に住んでいた1人の若者がこれに挑んだ。彼の目と耳が相談し、一頭の母ライオンを見つけた。いろいろ考えた末に、母ライオンに羊の肉を与えて一歩近づき、また次の日も羊の肉を与えて一歩近づき……と、これを何日もくり返して近づく方法を思いついた。
　若者はこの方法を勇気をふるって実行に移した。そして何日もくり返して、両手、両足、両目は、母ライオンの乳房のところまで近づいた。若者はついにライオンの警戒心を解き、母ライオンの温かで新鮮なミルクを取ることに成功した。
　ところが、いざ王様のところにミルクをもって行こうとしたとき、両手と両足と両目が喧嘩を始めた。

両目──「オレが母ライオンまでの距離を正確に目測し、一歩一歩近づくことができたんだ。だからオレが一番たくさん褒美をもらうべきだ」

Lesson 1　すべてを議論の対象とする～批判的に考えるための基本　31

両足―「オレがいたからこそ、ライオンが襲ってきても逃げることができた。一番大切な役割だ。もちろん、一歩一歩近づいたのもオレだ。だからオレが一番たくさん褒美をもらうべきだ」
両手―「母ライオンの乳をしぼったのは、このオレだ。それこそ一番大事な役割じゃないか」

　3人の論争を聞いていて、今まで何もしなかった「口」が、はじめて話し出した。
「両手も両足も両目もいっていることは全然なってない。このオレこそが、一番褒美をたくさんもらうべきだ」
　これには、両目、両足、両手も大反論する。
「何をいっているんだ。おまえは何もしていないではないか。おまえの褒美は何もないぞ」

[問題]
　口はどのようなやり方で、自分が褒美を最もたくさんもらうべきだと両目、両足、両手に認めさせたのだろうか？

どんなことでも俎上に乗せるユダヤ人

人間には足がふたつ、手がふたつ、目がふたつ、耳がふたつ、鼻の穴もふたつと、重要なものはすべてふたつある。ところが口はひとつしかない。あなたはこのことについて、「なぜ？」と疑問を抱いたことはあるだろうか。

ユダヤ人は、理由など知らなくても生活にはまったく支障のない"当たり前"のことについても、「なぜ？」と古来から議論してきた。

口がひとつしかないのは、口が手や足などに比べて格段に重要だからだとユダヤ人は考える。ユダヤには、「舌の先に幸せがある」という格言があるが、これは、よくしゃべり、よく発言し、よく主張することで幸せをたぐり寄せることができるという教えである。黙っていては幸せが逃げてしまうということだ。

だから、ふたりの人間が口論していると、ユダヤ人だったら平気で割り込んでいって、たちまち３人の口論が始まる。ユダヤ人はまさに口から生まれてきたような民族であり、議論や口論が大好きなのだ。

議論や口論はユダヤ人のアイデンティティ

「イスラエル」の語源は**文句をいう人、口論する人、たてつく人**という意味である。ヘブライ聖書を読むとユダヤ人がすぐに上司（モーゼ）にたてつく、文句をいう。そのモーゼもその上司である神に対して口論を吹っかける場面がいっぱい出てくる。

神は、自分にたてつくモーゼやユダヤ人をことのほか可愛がり、奇跡を起こし救うのである。

モーゼに導かれてエジプトを脱出した60万人のユダヤ人はエジプトの追跡軍に追い詰められ、前は海、後ろはエジプト軍という絶体絶命の窮地に陥る。この場面、日本人なら「この困難に臨み我々は一致団結してエジプト軍と白兵戦を交え潔く死のう」となるかもしれない。しかし、ユダヤ人は全員そうならなかった。
　「モーゼに騙された。こんなことになるならエジプトで奴隷のままの方が良かった。こんな砂漠の中で死んだんじゃ墓にも入れない。なんてことだ」
　そうモーゼに文句をいい出したのだ。
　そんなことをいったところで局面打開にならない。それなのに文句をいう。それがユダヤ人なのだ。
　しかし、この文句を天上で聞いていた神が奇跡を起こし、海が真っ二つに割れ、ユダヤ人は脱出できたのである。そこで、ユダヤ人は「文句をいわないと神は奇跡を起こしてくれない」と学習するのである。

■ 議論・反論することの重要性

　「上の者に文句をいう」。
　これがユダヤ人の特性だ。神に対してすら文句をいうのだから、人間の上司や組織の長に対して、ユダヤ人は容赦しない。
　1万人の日本人をまとめるより、100人のアメリカ人をまとめる方が難しく、100人のアメリカ人を統率することに比べ5人のユダヤ人の指揮をとることは至難の業である——そう経営組織論でいわれる所以はここにある。

　ライオンのミルクの説話が伝えようとするのは、口という存在の重要性である。さて、あなたならどのような論理を用いて、口が最も重要であることを足や手、目、耳、鼻に認めさせることが

できるだろうか。
　説話の続きを見てみよう。

　ミルクを王様に届けたときに、口が勝手に叫びだした。
「王様、ここに犬のミルクをもってまいりました。これで王様の病気は直ちに全快するはずです」
　すると、王様はこの言葉に大激怒。
「母ライオンのミルクをもってこいといったはずだ。それなのに犬のミルクをもってくるとは何事だ！　即刻処刑せよ！」
　両目、両足、両手は、王様の剣幕に震え上がり、「おい、頼むから本当のことをいってくれ」と、口に懇願した。
「それみろ。口こそが一番重要なのだ。褒美は全部オレがもらうぞ、いいのか？」
　両目、両足、両手は、しぶしぶ頷くしかなかった。

　両目、両足、両手を生かすも殺すも口次第。他の器官の命運を握っているのは口だ、というわけだ。

　「いや、私は目こそが一番重要だと思う」「いや、私は鼻だと思う」という意見があっても結構。議論を活性化させ、思考停止に陥らないためには、むしろそうしたさまざまな意見が出てこなければいけない。
　そして、目が一番大事だと思うなら、そう主張する根拠を述べて相手を納得させるのだ。そうすることで、思考力が鍛えられていく。

■「なぜ？」と問いかけることから始まる

　何事にも疑問をもち、「なぜ？」と問いかける。
　普段は何の疑問ももたずにやり過ごしていることにも意識を向け、「なぜか？」と考えてみることで思考力は鍛えられていく。

　たとえば、ユダヤの家庭では、3歳くらいの子どもに母親がよく次のような質問をする。

　「風は見えないし、形も色も匂いもない。それなのにどうして感じることができるの？」

　あなたはどのように答えるだろうか。
　もちろん、この問いに正解はないし、母親は子どもに化学・物理学の知識を駆使した議論を期待しているわけでもない。
　「見えない風を感じる理由」を一人ひとりが違う発想で考え、議論する力を育むためのトレーニングなのである。

　ユダヤの家庭では、子どもが疑問をもち、問いかける**姿勢**をとても大切にしている。
　たとえば、アインシュタインは5歳のとき、父親に磁石セットを買ってもらった。そして磁石についてさまざまな疑問を抱き、父親と一緒に実験した。この体験が物理学を学ぶきっかけになったという。
　アメリカの物理学者、リチャード・ファインマンは、量子電磁力学という新しい分野を開拓し、ノーベル賞を受賞した。彼の場合、幼いころ父親に連れられて博物館を訪れ、そこで父親と議論したことが、後に科学者を目指すきっかけになったと自伝で回想している。ふり返ると、ビジネスマンだった父親の説明は間違い

も多かったが、ファインマンの科学への興味をかきたてるには十分だったそうだ。

　ユダヤ人に限らず、世界のどの民族でも、親は誰もが子どもの知的好奇心を広げようと、さまざまな工夫を凝らしてきたが、中でもユダヤ人の親は特に熱心だ。子どもの問いかけを積極的に促している。
　アインシュタインやファインマン、そして多くのユダヤ人の知の巨人たちは、こうした環境で育ったのだ。
　ユダヤから素晴らしい学問的業績をあげる人、あるいはGoogleのふたりの創業者ラリー・ペイジ、セルゲイ・ブリンやFacebookの創業者マーク・ザッカーバーグ、あるいはインテルのアンディー・グローブ、Microsoftのスティーブ・バルマーのように、画期的なアイデアを実現してビジネスで成功する人が多く輩出されるのは、何事にも疑問を抱き問いかける姿勢と、それによって生まれる議論好きの態度にあると私は考えている。

思考の「例外」や「タブー」を捨てる

　「なぜ？」と疑問をもつことに、例外やタブーをつくってはならない。
　たとえば、道端で子どもが20代くらいの若者を指差して「お母さん、あの人の頭はなぜツルツルなの？」と尋ねたとする。日本人の母親なら、「やめなさい！失礼でしょう！」と子どもの発言をいさめ、さっさとその場から立ち去ろうとするだろう。
　身体的特徴を指摘するのは相手に失礼だし、いわれた相手は侮辱されたと感じるはず。だからいってはいけない——そう考えるのは日本人的な発想だ。
　しかし、ユダヤ人は違う。

ユダヤ人の母親なら、「なぜだかわかる？」と子どもに問いかけ考えさせるだろう。相手の身体的特徴であれ何であれ、「なぜ？」と問いかけることの重要性を認めているのだ。

　ユダヤには、**「恥ずかしがり屋の子どもは学問ができない」**という格言があるほどで、「なぜ？」と問いかける子どもほど親に褒められる。「なぜ？」という質問が発せられて、はじめて「そもそも、どうして人間の頭には髪の毛が生えているのか」という議論につながるからである。
　「なぜ？」という問いかけを忘れたとき、思考は停止する。
　「そんな失礼なことをいうのはやめなさい」と子どもを叱った瞬間に、それ以上の議論は生まれなくなるのだ。

　日本人は、相手の気持ちを慮り、「和を以って尊しとなす」の精神を美徳とするため、調和をかき乱すような質問や議論をふっかけることを好まない傾向がある。
　それこそが思考停止を生み出す元凶であることを認識すべきである。

Practice──モーゼの反論

トレーニング3

　ヘブライ聖書における「出エジプト記」の時代、エジプトの奴隷だったユダヤ人には厳しい労働が課せられていた。
　ある日、エジプトから逃れていたモーゼの前に突然神が現れ、こういった。
　「お前がエジプトに行って、ユダヤ人全員を救い出してこい」

　これに対して、モーゼは「それは、無理ですよ」と反論する。

[問題]
　モーゼの反論の根拠は何か？

■ 神にまで反論するユダヤ人

　ヘブライ聖書には、モーゼと神がやり合う場面が記されている。神はモーゼに対し、「ユダヤ人をエジプトから連れ出しカナンへ向かえ」と啓示を与えるものの、モーゼは反論する。

　もし、これが日本人だったらどうだろうか。

　「神のご意向に逆らうなど、恐れ多いことだ」と考えて、何の疑問ももたず神の啓示に従うのではないだろうか。

　モーゼはどのように反論したのか、説話の続きを見てみよう。

　モーゼ―「それは無理ですよ。名もない私が行って、ユダヤ人に向かって救出に来たといっても誰も信用しませんよ」

　神―「私がついておる。安心せい。私がお前をエジプトに派遣するのだ」

　モーゼ―「神様、冗談いっちゃ困りますよ。私がエジプトに行ってユダヤ人全員の前で、『お前たちの神が私を派遣した。私は神の使いとしてお前たちを救出に来た』といったら、ユダヤ人は何というと思いますか。『神だって？　聞いたことないな。その神の名は何なんだ？』と質問するに決まってますよ。私はなんと答えればいいのですか？」

　神―「私は私だ」

　モーゼ―「そんな答えじゃユダヤ人は納得しませんよ。お前は神を見たことがあるのかと聞いてきますよ。そう聞かれたらどう答えるんですか？」

　神―「心配するな。私が奇跡を見せてやるから」

　モーゼ―「私は口下手で演説もうまくできません。ユダヤ人を説得できませんよ」

神―「誰が人間に喋ることを与えたのだ。私が人間に口を与え言葉を与えたのだ。安心せい。お前には私がついている」

　こうした議論が神とモーゼとの間で7日間も続く。
　ユダヤには、神と交渉したり、口論したり、あるいは食ってかかったりする話がたくさんある。

　「あなたが神といったところで、誰も信じやしませんよ」というモーゼの発言は、神に対して無礼で、不遜な物言いである。
　しかし、神の存在にまで疑いの目を向けて議論するのがユダヤ人の思考の特徴である。

　日本なら、「神様や仏様を信じないなんて、なんて信仰心の薄い奴だ」と非難されることだろう。
　「お経を唱えていればいつかは幸せになれる、だからお経を唱えなさい」――そういわれて何の疑問ももたずにお経を唱え続け、仏様をありがたい存在としてあがめることが、強い信仰心のあらわれとされている。
　一方、ユダヤ人ならば釈迦如来像が右手を上げ、左手を膝の上に置いている姿を見て、「あれ、どうしてだろう？」と疑問を抱くかもしれない。そして、「仏様はなぜ右の手を上げて、左の手は下ろしているのか」について議論するだろう。

　2014年、世界中で大ヒットしたハリウッド映画『アナと雪の女王』の影響から「ありのままで」というフレーズが大いに流行ったが、ユダヤ人は神であれ仏であれ、その存在をありのまま盲目的に信じることはしない。

「神の存在に疑問をもつユダヤ人」と「全く疑問をもたないユダヤ人」——どちらが善きユダヤ人か、とよくいわれる。

神の存在にすら疑問をもち、「なぜ？」と考える。そうすることで神の存在をより深く理解し、神の存在に近づくことができるとユダヤ人は考えるのだ。

常識や世論、権威にこそ疑いの目を向ける

「モーゼの反論」の説話は、たとえそれが神の啓示であっても、鵜呑みにしてはいけないと私たちに教えている。

鵜呑みにすれば、その時点で思考が停止する。思考が停止すれば、新たな気づきや発見を得られないばかりか、認識や解釈の間違いにも気づけなくなってしまう。致命的な間違いを見逃してしまえば、スペースシャトル・コロンビア号に起きたような大惨事に発展することもあるのだ。

何事もまずは「本当にそうか？」と疑ってみることが大切である。世の中の常識や世論、業界の慣例や前例など、ややもすると**疑いなく受け入れたり同調したりしがちな事柄にこそ疑いの目を向けるべきだ。**

たとえば、「オリンピックはスポーツの祭典だ」とよくいわれるが、本当にそうだろうか？

ユダヤ人には、オリンピックがスポーツの祭典だという見解をそのまま受け入れる者はいない。「あれはそもそも、ローマのコロッセオで奴隷たちがライオンと闘わされた見世物じゃないか。そういうものに参加することを、神は喜ぶのか」

シナゴーグ（ユダヤ教の会堂）の勉強会に集まるユダヤ人たちは、常にこういった議論を戦わせているのである。

たとえ立場の偉い人や、その道の専門家が発言したことでも、そのまま受け入れることはしない。
　「〇〇大学の〇〇教授がいったから」、「医者がいったから」、「役所がこう発表しているから」、だから間違いない。そのように考えることはない。
　日本人はなにかと"権威筋"に弱いが、**誰の発言であれ、その人の肩書きが何であれ、「本当にそうか？」と疑う姿勢が大切だ。**
　それは、教科書に書いてあることも例外ではない。聖徳太子が十七条の憲法を制定したと書かれているが、「本当にそうなのか？それは史実なのか？」と疑ってみる必要がある。もしそれが史実だとするなら、どんな根拠があるのか、証拠は何なのか、徹底的に調べることだ。

　マスコミでの報道や、世の中の多数意見とみなされていることに対しては、特に批判的な目を向けたい。そして自分で調べ、検証するのを怠らないことだ。
　たとえば、電気代が高騰しているのは原子力発電所が運転を停止しているからだ、とマスコミでは報道されているが本当なのか。もし、原発があったから電気代が低く抑えられていたというなら、原発ゼロの国は日本よりも電気代が高いということになる。実際にはどうなのかと疑問を抱き、徹底的に考え尽くすことで、真実が見えてくるだろう。

Practice──デボラの戦い

トレーニング4

　ある村にデボラという美しい娘がいた。裕福な両親に育てられ、きちんとトーラー（注：ユダヤ教の聖書）を学んでいた。年頃になったデボラは、両親の選んだ青年と結婚することになった。しかし、結婚式当日の夜、新郎が突然死してしまった。

　それから何年か経ち、デボラはまた親の選んだ素晴らしい青年と結婚することになった。しかし、またも結婚式当日の夜、新郎が突然死してしまった。そして、なんと三度目の結婚でも新郎が結婚式当日の夜に死んでしまい、デボラは結婚をあきらめかけた。

　その後しばらくして、親戚の息子が遠い村から来て、デボラの両親にたいそう気に入られた。すると、その男性は「デボラを妻にしたい」といってきた。両親は、過去に3人も新郎が亡くなっていることを彼に話し、何とか思いとどまらせようとした。

　しかし、彼は「私は神に対して誠実で気に入られています。そんなことは起こりません」と食い下がった。それで両親も折れ、デボラとその男性は結婚することになった。

　神は、結婚式当日、その男を天国に召し上げるため、使いの天使を地上に寄こした。死の天使は新郎に向かい「私と一緒に来てもらいたい」と天国への旅立ちを促した。そこに、待ち構えていたデボラが現れた。

問題

　デボラはどのような行動をとったのだろうか。

▶「議論」が道を切り拓く

　ここでの神は、人間たちの命を自由に奪える「権力者」として表現されている。その全権を握る権力者に、これまで幾度も新郎を連れ去られ、幸せを奪われてきたデボラ。今また、4人目の新郎が連れ去られようとしている。

　自分は何も悪いことはしていないのに、なぜこんな不当な扱いを受けるのか、とデボラは憤りを隠せない。このような理不尽な仕打ちを受けても、「神の決定だから仕方がない」とあきらめるしかないのか。

　そこでデボラは、たったひとりで立ち向かう。今度こそはと待ち構えていたデボラが、新郎と天使のやり取りにいきなり割って入ったのだ。
　「あなたが今まで私の新郎を奪って行った死の天使ね。天に戻って神に伝えて」
　デボラは大きな声で死の天使にこう告げた。

　デボラ―「トーラー（注：ヘブライ語の聖書）によると、男は結婚したなら花嫁と一緒にいるべきだと書かれています。したがって、神は私の花婿を天国に連れて行くことはできません」
　死の天使―「なんと、お前は神の決定に異議を唱え、議論を挑むのか」
　デボラ―「そうです。トーラーには『男が結婚した場合には、仕事よりも家庭を優先して妻と一緒にいるようにしなくてはならない』と書いてあります。結婚式の夜に私の夫を天国に拉致するのは、この教えに反しています。トーラーの教えは神がつくった

ものではないのですか。神は自分のつくった教えを踏みにじるのですか、それなら私は神を被告として宗教裁判所に訴えます」

このように一気に述べて、デボラは死の天使をにらみつけた。驚いた死の天使は、あわてて天国にひとりで戻り、神と相談した。

「デボラは神様を法廷に引きずり出すといっています。どうなさいますか」

すると神は、「う〜む、まいった。デボラのところにはもう行かなくてよい。他の娘のところへ行け」と、デボラから夫を奪うことをあきらめたのだ。こうしてデボラは、愛する夫を死の天使の手から取り戻し、末永く幸せに暮らした、と説話は結んでいる。

デボラは、神の使いである天使に毅然と議論を挑むことで、道を切り拓いたのである。

いかなる権威に対しても議論で立ち向かえ——これがユダヤの教えである。

▚「当たり前」を乱すことを恐れない

日本では、肩書きやポジションが自分より上の人には、意見したり提案したりするのを躊躇する傾向がある。サラリーマン社会で出世するのは、上司や会社の指示に素直に従い、効率よく業務をこなす人とだいたい決まっている。

「もっとこうしたほうがいいのでは」と上に意見する人は、組織の和を乱す者として疎まれ、日本の組織では非常に活躍しづらいのが実情だ。

組織に従順な人間は、日本では重宝されるかもしれないが、世界では通用しない。

私が顧問を務めるシリコンバレーのIT企業の社長が話していたが、彼の会社にはウクライナ出身の技術者と日本人の技術者がおり、両者を使い分けているという。

　ウクライナ人の技術者は、「こうしたほうがいい」「ああしたほうがいい」と、つねに最新の技術に興味をもち、勉強し、提案する。一方で、日本人の技術者は、能力は高いが提案能力はゼロ。その代わり、上司の指示には忠実で、仕事は期日までにきちっと仕上げてくるなど、仕事への態度は非常に真面目だ。

　前者は**提案型人材**であるのに対し、後者は**作業型人材**だというわけだ。

　こういった話を聞くたびに、日本人はますます下請け仕事に甘んじるしかないのではないかと危機感を覚えざるをえない。過去には、下請け仕事でも十分に儲けることのできた時代があった。日本は安くて品質のよい製品やサービスを提供し、世界の市場を席巻していた。

　ところが、いまや日本とそん色のない技術力と価格競争力を身につけた新興国が台頭し、日本を脅かしている。**下請けに甘んじているだけでは、日本の先行きは暗い**。いまこそ**下請けに成り下がらないための努力をすべき**である。

▶ 相手が誰であれ議論を挑む

　下請け型の人間を大量に生み出したのは、学校教育に大きな問題があるのではないかと考えている。日本では、先生が黒板に書いたことを生徒がノートに写すだけという授業が多い。しかし、**板書を写すだけでは、何も考えていないのと同じ**である。

　日本人にとって、教師は権威的な存在の象徴といっても過言ではない。先生がいうことは正しい、先生に逆らってはいけない、と教えられてきた人も多いのではないか。そうした受身的な教育

を長年続けてきた結果、自分の頭で考えようとしない作業型人間や下請け型人間を大量に生みだしてきたのではないだろうか。

　未来の「人」をつくる教育の現場でこそ、**「相手が誰であれ、臆することなく議論を挑む」**というユダヤ思考の実践を推奨したい。先生がいうことにも「本当にそうか？」と疑いをもち、どんどん質問すべきである。

　たとえば、50分間の授業のうち、40分は先生を質問攻めにするくらいの意気込みが欲しい。あなたの質問で授業が中断され、周りから文句が出るかもしれないが、気にすることはない。

　先生が渋い顔をして、「君の質問だけに時間を割くわけにはいかない」と苦言を呈したとしても、「この点がどうしても疑問だ。自分はこう考えるが、先生の考えを聞かせてください」と食い下がるのだ。

　議論を通じてこそ、学ぶ対象への理解が深まり、真実が見えてくる。

▎議論が未来を切り拓く

　ビジネスの場面でも、同じことがいえる。

　日本人はどうも、大企業の権威や肩書きに弱いようだ。自分の会社が小さかったり、相手が権威あるポジションや肩書きだというだけで、議論や交渉を放棄してしまう。時には、考えることすらやめてしまうこともある。

　たとえば、取引先の大企業の担当者に、「これが会社の方針だから」「これが決まりだから」「こういう慣習でやってきたから」と一方的に告げられ、自社に不利な条件のままなんとなく引き下がってしまった経験はないだろうか。

　ここでユダヤ思考の持ち主なら、決して引き下がったりしない。

疑問に思うことを相手にぶつけ、議論を挑みながら、交渉の糸口を模索するはずだ。

「会社の方針とはどのような内容ですか？　誰がその方針をつくったのですか？　その人と直接話をさせてください」
「そのような方針である理由は何ですか？」
「慣習とは、いつ、誰が始めたものですか？　その慣習に誰が合意しているのですか？」

　取引先にしてみれば、このようにはっきりと異を唱えられたことはなく、なんとなく続けてきたものであることがほとんどだろう。要は自社に都合よく進めるための方便である。
　それに対して、**思考を凝らして考え、臆することなく疑問をぶつけることで、方便を破る方法が見つかるはず**である。
　こうした労を厭わなかった者だけが、難しい状況での突破口を見つけ、交渉成立にもち込むことができるのである。

　ビジネスパーソンには、自社の社長に向かってこうたずねてみることをお勧めしたい。

「なぜあなたがこの会社の社長なのですか？　どうして社長になれたのですか？　それはあなたの能力ですか、それとも運よく引き立てられたからですか？　一体どのような理由で、あなたは社長になったのですか？」

　すべてを議論の対象にする、とはこういうことである。

　実際にユダヤ人は、マネージャーに同様の質問をぶつけるそうだ。だからこそ、「ユダヤ人5人を管理するほうがアメリカ人100

人を管理するよりはるかに複雑な仕事」だといわれるのだ。

　疑問に感じたことは、相手が社長や上司であっても質問し、議論することが、問題解決やイノベーションには必須の手段である。
　上司や会社の指示に従順なだけでは、グローバルに戦うための知恵を生みだすことはできないことを、心に留めておきたい。

Part 1
準備編
思考停止状態から脱出せよ！

Lesson 2

論点を見つける
~物事を深く考えるための基本

First Question

トレーニング5

　友人との食事中に、どこかからハエが飛んできた。そのとき、ハエについてあることを思いつき、その話題で盛り上がったという。あなたならどのような"ハエトーク"をくり広げるだろうか？
　ハエについて考えうる話題を3つ挙げよ。
（ただしどんなことでもよい）

▎「何を考えればいいか」がわからない日本人

　アメリカの大学院で教鞭をとる知人から次のような話を聞いた。
　そこには、日本人の医師たちが1年間の留学にやってくる。彼らは教授の指導のもとで研究論文をまとめるのだが、必ずといっていいほど「何を研究テーマにすればいいですか」と相談にくるのだという。「それは自分で考えなさい」と教授が返すと、「考えたことがないので、何か研究テーマを与えてほしい」と懇願されるそうだ。
　難しい国家試験に合格し、日本ではエリートとされる医師の姿がこれだとしたら、まったく笑えない話である。

　Lesson 1 では、ユダヤ式の思考法を身につける最初のステップとして、「すべてを議論の対象とする」ことを提示した。
　しかし、すべてを議論の対象とするといっても、「何を議論すればいいのかわからない」という人も多いのではないだろうか。
　論点が示されなければ議論できない、論点を自分で見つけるこ

とができないというのは、日本人が抱える深刻な問題ではないかと私は思う。

◾ 考えること、議論することは娯楽である

　さて、先ほどの問いである。食事中に飛んできたハエを見て、あなたならどんな話をするだろうか。
　ハエと聞いて、「そもそもハエに興味はないし、ハエについて議論することに意味を感じない。食事中にハエの話題をもち出すのもいかがなものか」と眉をひそめる人がいるなら、その考えは改めたほうがいい。
　私がこの本で提示するのは、思考力を高めるための頭の体操である。どんな事柄にも疑問をもち、議論することで、考える力が養われていくことを心に留めて読み進めてほしい。

　あるユダヤ人の場合、テーブルにとまったハエが飛び立つのを見て「ハエの飛行速度は飛行機に換算するとどれくらいになるか」という疑問をもち出した。ハエの優れた飛行能力に着目したのである。この議論が食事中ずっと続き、実際に相手をしていた日本人の科学者が辟易した、という話を雑誌のコラムで読んだことがある。
　食事中であってもこうした議論がずっと続くのは、ユダヤ人の間ではごくふつうの風景である。
　彼らは、多くの日本人がそうするように、前日のプロ野球の試合結果やワイドショーの話題で盛り上がったり、どこのレストランがおいしいとかまずいとか評価し合ったり、誰かの噂話に花を咲かせたりすることはない。そんな話をしてもつまらないと思っているのだ。
　ユダヤ人が好むのは議論すること。**議論こそが頭を最も働かせ**

Lesson 2　論点を見つける〜物事を深く考えるための基本

る行為だと知っているからである。

▍"ハエトーク"が導く思考の広がり

　ハエに話を戻そう。
　ハエは、静止した状態から急に飛び上がり、コンマ何秒で最高速度に達することができるという。そのスピードは、飛行機に比較換算するとプロペラ機の速度（時速700キロ）に相当するそうだ。ハエには、プロペラ機が滑走路の助走なしに飛び上がり、すぐに時速700キロに達するほどの飛行能力があるということになる。
　一方、人間がつくった飛行物は、まだそこまでの性能に達していない。プロペラ機といえども、助走や加速のための滑走路は必要である。滑走路なしに飛び立てるヘリコプターであっても、最も高速のものでせいぜい時速350キロから400キロであり、プロペラ機には遠く及ばない。ヘリコプターよりも高速飛行が可能なオスプレイでさえ、最高速度は時速550キロ程度である。
　ここで興味深いのは、ハエの話題からコンマ何秒でプロペラ機の最高速度に相当するスピードに達する飛行物体をどうやって開発するのか、という議論につながっていくことだ。
　ハエについて議論して何になるんだ、と侮ってはいけない。
　「ハエは飛行機に換算するとどのくらいのスピードで飛べるのだろうか」という素朴な疑問が発端となり、ハエの体の構造や飛び方をヒントにこれまでにない優れた飛行能力をもつ飛行物体を開発しよう、と意欲を燃やす研究者が現れるかもしれない。
　思考がどのような方向に広がり発展していくかは論点次第といえるのだ。
　2014年、Googleの研究チームが小型無人飛行機（ドローン）を開発したと報じられた。オスプレイをひっくり返したような形状で、エンジンは上部についている。助走なしで垂直離陸ができ、

かなりのスピードで飛ぶことができるという。まるでハエを意識したのではと思わせる飛行物体である。

これはあくまでも私の推測だが、研究チームはハエにヒントを得て、この飛行物体を開発したのではないだろうか。

またあるとき、ユダヤ人の小学生と話していると、次のような疑問が飛び出した。

「ハエのような人間にとって邪魔で不愉快なものを、なぜ神はつくられたのか」

おそらくこの小学生は、ハエが飛んできて邪魔だと感じたのだろう。

ただし、「ハエが邪魔だなぁ」という感想だけで終わらせず、「邪魔のものがなぜ存在するのか」「創造主である神はなぜ、人間にとって邪魔なハエをつくられたのか」「地球上のハエを殺虫剤で全部殺したらハエをつくられた神はお怒りになるか」「神の怒りはどんな罰になるのか」というところにまで思考を巡らせた。

こうした疑問が飛び出すと、地球の生態系の一角を占める昆虫がどのような役割を果たしているのか、屍体処理とハエとウジ虫の役割、ハエを殺すために大量の殺虫剤を散布することの人間への影響といった議論にも発展する。

子どもとはいえ、さすが議論好きのユダヤ人である。

日本の小学生はどうだろうか。

昆虫について学ぶのに、「昆虫は節足動物です。試験に出るから覚えなさい」と先生にいわれるがまま暗記しているとしたら？

——残念ながら日本では、どの教科も試験のための暗記科目になってしまっているように思える。そのような教育環境では、ユダヤ人の小学生が問いかけたような疑問は生まれないだろう。そればかりか、生態系におけるある種の存在、昆虫目のなかのハエ

Lesson 2　論点を見つける〜物事を深く考えるための基本

や蚊という存在の意味を研究しようという科学者も日本からは誕生しないかもしれない。

「**なぜそうなのか**」「**そうである理由は何なのか**」「**本当にそうである必要があるか**」——こうした疑問や問題意識が存在してはじめて、考えることができる。

これらの問いがすなわち論点となる。**論点は、物事について議論し、深く思考するために不可欠なものである。**

▪ 思考の"つま"をなくせるか

ユダヤ人は、論点を見つけ出すのがうまい。また、話すときも主旨や大事なポイントが明確である。とても端的で単刀直入なのだ。本題に入るための導入や雑談、まわりくどい表現は一切ない。

刺身でいえば、"**つま**"**は存在しない。頭のなかは論点だけな**のではと思わせるほどだ。

一方、論点をつかむのが苦手なのが日本人である。ユダヤ人にいわせれば、「**日本人の話はまどろっこしくて、何をいっているのかわからない**」ということになるらしい。

普段からユダヤ人と接し、彼らとの丁々発止の議論で思考が随分鍛えられたと自負している私でさえそうなのだ。「カンジの話は焦点が曖昧で堂々巡りしている」と指摘されることがある。

たとえば私が、打ち合わせの最後に「では、よろしくご検討ください」といったとする。相手が日本人なら、「返事がほしい」というこちらの意図をくみ取ってくれるため、適度なタイミングで返答してくれるものだ。

しかし、相手がユダヤ人だとそうはいかない。返事がほしいなら、「いつまでに返事がほしい」とはっきり伝えなければ、永久に返事はないだろう。

「よろしくご検討ください」といったところで、「一体何を検討

するんだい？　君のいっていることはよくわからないよ」と返されるだけである。

ユダヤ人の論点主義の起源

　ユダヤ人が論点主義であるのは、子どもの頃からの教育や習慣によるところが大きいと私は考えている。

　毎週土曜日の安息日にはヘブライ聖書を読んで過ごすのが、敬虔なユダヤ人の習慣である。聖書の全体を54回に分け、1年かけて読んでいくのである。その週に聖書のどの箇所を読むかはあらかじめ決められており、その箇所を「パラシャ」と呼んでいる。パラシャは世界共通であり、世界中のユダヤ人が同じ箇所を読む。

　読む箇所が決まっているだけではない。論点もすでに決まっていて、タルムードに記されている。たとえば、ある週のパラシャの論点はこうだ。神がモーゼに呼びかける場面で、「モーゼょ、モーゼょ」と小さな「ょ」が使われている。なぜ大きな「よ」ではなく、小さな「ょ」なのか？　これが論点である。

　ユダヤ人は、これを単なる誤植の問題ではないかと片づけることは絶対にしない。ヘブライ聖書は神が書かれたものだから誤植はないのである。

　そこで、あらゆることを議論の対象とするユダヤ人は、小さな「ょ」である理由を探るため、まず検索を始める。神がモーゼに呼びかけるように、ほかの預言者を呼びかける場面はないか、聖書の全ページの文字を対象に検索するのだ。

　いまならGoogleを使えば簡単に検索できるが、以前は聖書のシーンごとにカードで分類されており、何万枚というカードでキーワード検索するという作業が必要だった。

　実際に検索してみると、モーゼを呼びかけるシーンのほかに、小文字の「ょ」が使われている箇所は存在しない。モーゼへの呼

びかけだけがなぜ小文字なのか？

　このような議論を全世界のユダヤ人が一斉にくり広げるのだ。

　シナゴーグに行けば、「今週のパラシャの論点は何だ？」とラバイが問いかける。ユダヤ人同士で食事をすれば、「今週の論点についてどう考える？」とたちまち議論が始まる。Webサイトやメールでも活発に意見が飛び交う。実際ユダヤの各教団が全世界に向けて発するWebサイトは、動画のパラシャ講義付きが多く、論点把握が容易になっている。

　このように、ユダヤ人はつねに論点を意識しながら聖書を読み、議論する習慣がしみついている。だからこそ、普段も論点を瞬時につかみ、論点に沿って議論を深めていくことができるのだろう。

　ユダヤ人は、聖書を読みながら論点思考を鍛えてきた。

　大人だけではない。ユダヤ人は15歳になると宗教学校でヘブライ聖書の注釈論点集であるタルムードを勉強するようになる。彼らのタルムードの読み方に、論点思考を養うためのヒントがあると私は考える。

　論点をつかむ力は、ビジネスパーソンがぜひ身につけるべき思考力でもある。

　仕事における論点とは、「最優先で解決すべき問題」と言い換えることができる。何が最優先かの順位づけをプライオリティーの動詞形でプライオリタイズという。仕事では何が問題なのかあらかじめわかっていることはほとんどない。以前は上司から与えられる課題に取り組むだけでよかったかもしれないが、**いまは自分で課題を見つけ、課題解決に取り組む力が求められている。**

　ユダヤの学生たちがヘブライ聖書をどのように読んでいるのか、どのような議論をしているのかをここで再現してみたい。通常はヘブライ語で読むが、ここでは英語訳を使うことにする。

Practice
――はじまりの物語（ヘブライ聖書「創世記」冒頭部分より）

トレーニング6

1：1 At the first God made the heaven and the earth.
1：2 And the earth was waste and without form; and it was dark on the face of the deep: and the Spirit of God was moving on the face of the waters.
1：3 And the God said, Let there be light: and there was light.
1：4 And God, looking on the light, saw that it was good: and God made a division between the light and the dark,
1：5 Naming the light, Day, and the dark, Night. And there was evening and there was morning, the first day.

（始めに神が天と地を創造された。地は混沌としていた。暗黒が深淵から表面までを支配し、神霊がその表面に吹きまくっていたが、神が、「明るくあれよ」といわれると、光明が差し込み明るい部分ができた。神は光を見てよしとされた。神は光明と暗黒を分け、神は光明を日中と呼び、暗黒を闇夜と呼ばれた。こうして夜があり、朝が巡ってきた。天地創造の第1日がかくして終わった。）

問題

1：1において「At the first」が意味する「始めに」とは、何の最初か、あるいは何の始まりか？「In the beginning」という英語訳もあるがどう違うか？「初めに」の訳の方が正しいとは思わないか？ 考えを述べよ。

Lesson 2　論点を見つける～物事を深く考えるための基本

■ あらゆる角度から一言一句に疑問をもつ

　ユダヤ人のヘブライ聖書の読み方で特筆すべきなのは、小説を読むようにサラサラと流すのではなく、さまざまな角度からの疑問を投げかけながら、一言一句に時間をかけて読み進めていくことである。一文にひとつ、もしくは複数の論点を設定し、それについて議論することで聖書のメッセージを深く理解しようという狙いがある。

　ユダヤの宗教学校では、広い教室に200人くらいの生徒が一堂に会し、ふたり一組で向かい合わせになって座る。1対1で議論するためだ。ひとつの議論に非常に長い時間をかける。たとえば1：1「At the first」に関する議論に1日かけることも珍しくない。

生徒A――「*At the first*とは、この本（ヘブライ聖書）の最初、という意味ではないだろうか」
生徒B――「そうだとしたら、なぜこの本の最初だということを、わざわざ最初に書く必要があるのか？」

生徒B――「*At the first*とは、あらゆるものの最初という意味だと思う。つまり、神が宇宙創造に着手した最初ということだ」
生徒A――「もしそうだとしたら、無から有を生み出したということになる。それ以前が無だったという証拠はあるのか？」
生徒B――「あらゆるものの最初だとすると宇宙はひとつしかないということになる。それはおかしい。神は全知全能だから今まで神は宇宙をいくつもつくられているはずだ」

生徒Aの主張に対し、生徒Bが反論する。その逆もしかり。
　相手からの反論に対して、相手を納得させられるような論理で応答しなければならない。
　「At the firstは神が宇宙創造に着手した最初である」という考え方は、神だけが「無」から「有」を創造することができる、つまり、あらゆる価値体系や存在が神に帰着する、という議論に発展していく。
　それならば、「無」から「有」を創造するとはどういうことか？ これに対し「宇宙の始まりに際し」という「In the beginning」という意味ならば、神は既に存在していた宇宙を変容されたに過ぎないとなる。
　そもそも我々が暮らす銀河系宇宙の最初とは、どういう状態だったのか？ 「無」だったのか、それとも「有」が限りなく凝縮されて「無」のような状態になったのか？ そうであれば、ビッグバンとは一体何なのか？ ビッグバンはなぜ、どんな目的で誰が起こしたのか？──「At the first」の議論は、宇宙論や宇宙物理学に関わるほど奥の深い議論に発展していく。

　私とラバイが日本の某有名大学の教養学部を訪れたときのことである。
　学生に向かってこの質問を投げかけたら、その場がシーンと静まり返ってしまった。沈黙はすなわち思考停止である。
　銀河系宇宙の始まりを問われても、これまで考えもしなかった質問だけに思考が停止してしまったのか。
　しかし、**考えもしなかったことを考えることなく、新しい発想は生まれない**。沈黙は禁物である。
　それにしても、多くの人は、宇宙の始まりについて考えたことはないのだろうか。
　自分の仕事や日常とは関係ないから興味がない、といってしま

えばそれまでだ。しかし、よく考えてみてほしい。あなたは地球上に生を受けた存在であり、その地球は宇宙の構成要素のひとつである。宇宙がなければ、あなたは存在していない。宇宙の始まりが何だったのか、なぜ宇宙ができたのかということが、あなたに関係ないことはないはずだ。

世の中のあらゆることはあなたに関係している。あらゆることを議論すべきだというのには、こういう理由もあるのだ。

　なぜ、ユダヤ人はそこまで議論するのか。
　「At the first」のたった3語を1日かけて議論することにどれだけの意味があるのかと、日本人なら不思議に思うかもしれない。
　ところが、ユダヤ人にとっては大きな意味がある。
　「At the first」が何なのかを突きとめることは、自分たちの存在意義に関わる重要な議論なのだ。というのも、ヘブライ聖書の「創世記」の物語は、「人間、すなわちユダヤ人がなぜこの世に誕生してきたのか」を問いかけている。その根源的な問いに答えるには、神が創造したものの最初が何であるかを知る必要がある。
　つまり、「At the first」が意味することをさまざまな角度から議論することで、自分が誕生した意味に迫ろうとしているのだ。
　もし、1:1の「At the first God made the heaven and the earth.」という文面だけをさらりと読み過ごしてしまえば、前述のような議論は生まれないだろうし、人類誕生に対する考察が深まることもないだろう。自分が誕生した意味について深く考えることもなかったはずである。
　論点を見つけ議論することは、思考を深めるうえでとても重要なのである。

▶「正解」は与えられるものではなく、自ら考えつかむもの

　ヘブライ聖書に記された物語をどう解釈するのかについては、長年にわたり議論がされてきた。タルムードにはその議論が収められている。
　「At the firstは何の最初なのか」についても、10ほどの説が何ページにもわたって書き連ねられている。割かれるページが多いということは、それだけ多くの議論がなされているということだ。

　学生たちは、事前にタルムードに記された議論を読み込み、教室での議論に臨む。タルムードを読むことが予習なのだ。自分がどの意見に与するかを考え、それをもとに自分なりの意見を構築して教室で戦わせるのだ。
　タルムードの記述をそのままなぞっても意味はない。**自分はどう考えるのか、なぜこの意見に与するのかを自分の言葉で述べることで、思考力が鍛えられていくのである。**

　タルムードには、ひとつの論点に対して、必ず複数の意見が記されている。
　「At the first」の議論では、ほかにも「ユダヤの歴史の最初」だとか、「地球誕生の最初」、「神が善悪をつくった倫理の最初」などいろいろな意見がある。その中で最も有力視されているのが、「神が天地創造に着手した最初」という説である。

　最有力の説であっても、それを唯一の解釈としないところがユダヤの特徴である。
　たとえば、A、B、C、Dの4つの意見があり、Aが最有力とされていたとしても、決して「最有力であるAを統一解釈に採用し

Lesson 2　論点を見つける〜物事を深く考えるための基本　63

よう」という話にはならない。

なぜなら、**議論することにこそ価値がある**と考えるからである。**答えは誰かから与えられるものではなく、それぞれが議論を通じて自らつかみ取るものである**。ひとつの意見を取り上げて「これが正解」と決めてしまえば、それ以上の議論を封じることになる。

それこそ思考停止の状態だ。

実際にユダヤの宗教学校で行われる１対１の議論では、一人ひとりの学生がどんな議論をしているのか先生にはわからない。広い教室の至るところで一斉に議論が行われるため、当然といえば当然である。

しかし、わからなくても別に問題はない。この議論は正しくて、この議論は正しくない、というものでもないからだ。**議論するという行為からくる頭脳の働きそのものが重要なのである**。

議論することによって、物事を深く理解し、本質に迫ることができると考えるのだ。

思考を深めるとは、一言一句を批判的分析的に深読みするということ

論点をつかむトレーニングとしてぜひ実践してほしいのは、**文章を読むときに、一言一句じっくりと、批判的に読み進めること**である。ユダヤ人がヘブライ聖書を読むように、「**これはどういうことか？**」「**なぜこのように断言できるのか？**」などと問いかけながら読む。

「**少なくとも一文にひとつ疑問を投げかけよう**」というくらいの気持ちで読むとよいだろう。

その疑問や問題意識が論点になる。

「創世記」第一章の続きを見てみよう。

論点をつかむトレーニングのつもりで、一言一句、批判的分析的に深読みしてほしい。

1:2 And the earth was waste and without form; and it was dark on the face of the deep: and the Spirit of God was moving on the face of the waters.
（地は混沌としていた。暗黒が深淵から表面までを支配し、神霊がその表面に吹きまくっていた）

　この一節では、どのような論点が考えられるだろうか。

　この部分だけでも、1日中議論ができるほどの論点が考えられる。そのひとつが、「without form」「混沌」についての議論だ。

　「without form」とは「形がない」という意味か？　それとも「秩序がない」という「without order」という意味か？　それならば「chaos」（無秩序）ということか？
　なぜ神が創造されたものに形がないのか？
　「秩序がない」とは無秩序ということか？
　神がつくられたものが無秩序であるのはおかしくないか？
　「秩序のないもの」に神は秩序をいかにして与えられたのか？
　天地創造の地の最初はなぜ形がないのか？
　そもそも「形がない」とはどういうことか？　「無」ということか？
　現代の宇宙物理学の最先端の理論と、このヘブライ聖書の記述

とはどのような整合性があるか？

「形がない」ということを批判的に読めば、これだけの論点が見つかる。すでに8つの論点が提供されたことになる。

次に、「the Spirit of God was moving on the face of the waters.」に進むと、ここで突如「water」が出てくる。

天地創造された地には形がなかったはずなのに、水があり、その水の表面を神の存在（神霊）が動いていた。これはどういうことなのか？ 聖書に書かれているということは、何らかの意味があるはずである。何を意味しているかは、ここでの論点のひとつであろう。

1:3 And the God said, Let there be light: and there was light.
（神が、「明るくあれよ」といわれると、光明が差し込み明るい部分ができた。）

神が「Let there be light（明るくあれよ）」と言葉を発する場面である。この一節についてはどんな論点が考えられるだろうか。

よく議論するのは、「なぜここで神が言葉を発しなければならなかったのか」という問いである。

「said」と書かれているから神が言葉を発せられたことは間違いない。神とは、全知全能のはずである。全知全能の存在ならば、いちいち言葉に出さなくても、世の中を思い通りに動かせるはずである。それなのにわざわざ言葉を発したのはなぜなのか？

なぜ神は手を振るとか、息を吹きかけるとか「エイー」とか「ヤー」とかの掛け声か「ウム」というような唸り声ではなく、「Let there be light（明るくあれよ）」と長い文章の言葉を発せられたのか？

天地創造の最初になぜ言葉が必要であったのか？

ここでいう「言葉」とは何か？

宇宙創造は物理的自然現象であったのか、それとも何かの意思が働いたのか、それが言葉なのか？

だとすると「明るくあれよ」が宇宙創造の目的か、だとすると「明るくあれよ」とは何を意味するのか？

「神が人間にのみ与えられた言葉の大切さを、神が我々人間に教えた最初の場面である。だからわざわざ言葉を発したのだ」という意見もあるだろう。すると、「天地創造において、なぜ言葉がそれほど大切なのか」と別の学生が疑問を投げかける。

そうして言葉の重要性について丸1日かけて議論するのである。全知全能の神ですら、天地創造のときには最初に言葉が必要だった、いわんや人間においては……と。

こうした議論を経て、ユダヤ人は宇宙の起源において言葉を重要なものと認識するようになるのだ。

そこでユダヤ人は「言葉」とは何かを考える。Lesson 1で紹介した「手と足と目と口、一番偉いのは誰？」の説話を思い出してほしい。ライオンの乳を採りに行った若者の両手両足、目と口が、主導権を争う話だ。

あの説話が教えていたのは、口は災いの元であると同時に、相手を説得できる唯一の器官であること。言葉こそが、人間とその他の生き物を区別する最も重要なものであるということだ。

そして神も言葉を語られるから人間は言葉をもって神と語らうことができるはずだと考える。

人間が神と語らう言葉が祈祷であるなら、人間が人間と語らう言葉は一体何か？　命令か、懇願か、感動か？
　神ですら宇宙創造のためには長い文章の言葉を発せられたのだから、我々人間は「問答無用」と他人を動かすために軍事力に訴えるのではなく言葉に訴えなくてはならない、という論理もここから生まれてくるだろう。
　ユダヤには、「舌の先に幸せがある」という格言があることは前にも述べた。黙っていては、幸せは逃げていく。あの手この手で言葉を駆使して、幸せをたぐり寄せようとする。だからユダヤ人はよくしゃべり、よく発言し、よく主張するのである。

　第一章第三節では、もうひとつ重要な論点がある。1:3から第1:5にかけてをじっくり読んでみて、何か疑問に感じることはないだろうか。

1:3 And the God said, Let there be light: and there was light.

1:4 And God, looking on the light, saw that it was good: and God made a division between the light and the dark,

1:5 Naming the light, Day, and the dark, Night. And there was evening and there was morning, the first day.

(神が、「明るくあれよ」といわれると、光明が差し込み明るい部分ができた。神は光を見てよしとされた。神は光明と暗黒を分け、神は光明を日中と呼び、暗黒を闇夜と呼ばれた。こうして夜があり、朝が巡ってきた。天地創造の第1日がかくして終わった。)

特に、1:3と1:5を読み比べてみてほしい。

1:3で、神は「Let there be light（明るくあれよ）」という言葉を発した。ところが、1:5では「And there was evening and there was morning,（こうして夜があり、朝が巡ってきた）」とあるように、朝よりも、夜が先に生まれたと書かれている。一言一句じっくりと読んでいけば、これはおかしいと気づくだろう。「Let there be light」という言葉を神が発したのなら、この部分の記述は「And there was morning and there was evening,」と、朝が夜よりも先にきてもいいはずである。だが、そうはなっていない。

ここで疑問が生じる。

なぜ神の発した言葉が「Let there be light（明るくあれよ）」だったのか？　神は、「Let there be darkness（暗黒よ、あれ）」とはいわなかった。なぜ神は暗黒ではなく、光のある世界を最初につくったのか？　神がつくろうとした、光のある世界とは一体何か？
——これが論点である。この議論の詳細はLesson 6で紹介したい。

以上、ユダヤ人がどのような議論をしながらヘブライ聖書を読んでいるのかを再現した。一言一句を批判的に熟読するとはどういうことか、エッセンスをつかんでもらえたのではないだろうか。

ここで紹介した論点はほんの一部であり、読者の中には別の論点を見つけた人もいるだろう。

自分なりに論点を見つけ、思考することが大切なのである。

これは日常生活においてもぜひ実践してみてほしい。本を読むときやニュースに触れるとき、**目の前にあるものをそのまま受け入れるのではなく、一言一句に批判の目を向ける。そうすることで、考えるべき論点は何かがつかめるはずである。**

ユダヤ人はニュースを「ニュースは人間の書いたもの。その人の考えに過ぎない。神の真理ではない」と思って見ている。

この視点を参考にしてもらいたい。

Practice──悪いのは誰？

トレーニング7

　今まで真面目に勉強してきた学生がいた。

　ふと通りかかった家に鍵がかかっておらず、ドアが少し開いていたので、つい出来心が生じて物を盗んでしまった。彼は警察に捕まり裁判にかけられたが、「つい出来心で」という弁解は裁判では通らない。彼は有罪になり、大学も退学処分になって、就職もできず、結局心がすさんで、今度は自ら盗みに走るようになってしまった。

　再犯で捕まると、刑務所に行く年数も長くなり、結局、彼は、刑務所を出たり入ったりする人生を送ることになった。

　彼の犯罪で、何人もの人が物を盗られる被害に遭った。

[問題]

　一体誰が悪いのだろうか？　その根拠とともに示せ。
　なお、法律の話ではなく神の倫理の問題として論ぜよ。

▶論点から「本質」に近づくヒント

これは、私がユダヤ教を学ぶ中で、ラバイのヘンリー・ノアさんから出された問題である。

常識的に考えれば、悪いのは学生本人である。法律的にも「鍵をかけなかった人」は被害者であり、何の罪も犯していない。しかし、ノアさんは、**「神ならどう考えるでしょうか」**と私に問いかけた。

ユダヤ人にとって、「神」とは、**「人間の理解を超えた存在」**である。神の考えをふつうの人間が理解するのは無理なことだ。

しかし、神の存在に思いを馳せることで、「もしかすると神はこう考えたのかもしれない」、あるいは**「この出来事には違う側面もあるのかもしれない」**と、別の角度からの視点も生まれてくる。

先ほどの問題を神の視点で考えると、「鍵をかけなかった人」の行動こそがすべての発端だったという見方もできる。

鍵のかけ忘れが、ひとりの学生の人生を大きく狂わせただけでなく、その後、何人もの被害者を生みだした。そのたびに警察沙汰となり、裁判所、刑務所の厄介になるという、社会的に大変なコストを払わせる原因をつくったことにはならないか。

犯罪者を生みだした要因は別のところにあるのではないか——そう考えることで、犯罪者を責めるだけでなく、犯罪の再発防止に関する前向きな議論へとつながっていく。

物事にはさまざまな側面がある。

「善」に見えたことが、別の側面から見ると「悪」の顔をもっていたり、あるいは幸福に思えたことが、不幸の始まりだったりする。逆にピンチがチャンスの兆しだということもある。

ある側面からだけでは見えない、別の側面を見るための視点が、神の視点である。

次のように考えてはどうだろう。

神が人間を超越した存在であるなら、その視点も、人間社会の常識や世論から解き放たれた視点であるはずだ。つまり、**自分自身の思考の癖、常識や世論といったしがらみを超えた「別の次元」から発想する**ことが、神の視点である。

神の視点をもつことで、自分が陥りがちなワンパターンな思考から脱し、別の角度から物事をとらえることができるのである。

論点の重要度を把握する

論点をつかむには、先に述べたように、一言一句に批判の目を向け、熟考することがファーストステップである。

ただ、そうやってつかんだ論点が、的外れだったり、重要度が低い場合、どれだけ議論しても思考は深まらないし、有益で効果的な解決策も見つからないだろう。的外れな議論は物事の本質から目をそらし、思考停止の状態を生み出しかねない。

論点はできるだけ的を外さず、重要度の高いものであるべきである。ひとつの側面からだけでなく、別の角度から物事をとらえ、複数の視点で考えることは、論点思考には不可欠な発想法であるといえる。

別の視点から考える

たとえば、次のようなケースはどうであろうか？

砂漠にふたりの学生が一緒に出かけた。ひとりは用心深く、万が一のことを考えて水筒を持っていった。もうひとりは目的地に着けば水は飲めるし目的地は遠くないと思い水筒を持って行かなかった。ところが道がわからなくなり、水無しでは救助も待てな

いほどの脱水状態となった。水筒にはひとりの命を救うだけの水しかない。

この時、もうひとりに水を分けなくてはいけないか？
水を分けることを拒否することは神の倫理に反するか？
人間の定めた法律に反するか？

結末をいえば、水を分けなかった青年のみが救助された。
マスコミはこの青年を悪者に仕立て上げ悪魔のように報道した。新聞の中には「水を分けるとふたりとも死ぬような時でも水を分けるのが人間というものだ。分けなかったこの青年は殺人罪で起訴すべきだ」というものまであった。

マスコミの報道を鵜呑みにして、この青年が悪いと決めつけてしまうのは簡単だ。しかし、神の視点＝別の次元からこの事件をとらえたとき、別の論点が浮かんでくるはずである。
複数の論点から議論してはじめて、物事の本質に近づくことができるのである。

ところでタルムードでは、この事案についてどんな議論が示されているであろうか？
マスコミのように一色ではない。
「水は用心深い青年のものであり分ける必要はない。ふたりとも救えないなら神は用心深い人間の方を救われる」という説も紹介されている。

なお、ヘブライ聖書には、用心深い人間のみを神が救う有名な事例がある。
ソドムの町を神が焼き尽くされ、その町のすべての人間が殺される時のことである。脱出を認められたロトの家族は、「決して

後ろを振り返ってはならぬ」と神から用心深く行動するよういい渡されたのに、ロトの妻は不用心にも後ろを振り返って町が焼き尽くされている場面を見てしまい、岩塩と化して死んでしまったという場面である。

　ユダヤの神はなぜ用心深い人間を好まれるのか？
　神の意図は何だろうか？
　ここで自分なりの意見を考えてほしい。

Part 1
準備編
思考停止状態から脱出せよ！

Lesson 3

思考の枠を外す
〜柔軟に考えるための基本

First Question

トレーニング8

　あなたは小学校の国語の先生だとする。
　5年生の児童が教科書の目次を指して、「なぜこの順番でやらないといけないのですか？」と質問してきた。
　あなたは何と答えるだろうか？

▶ 思考の柔軟性が問われる質問

　学校の授業は、教科書の目次どおりの順番で進んでいくのがふつうだ。子どもの頃、それに疑問を感じたことはあるだろうか。
　教科書に書かれていることや先生のいうことは、正しい——大半の人はそのように教えられて育ってきたのではないだろうか。教科書の順番に疑問をもつことなく、たとえ違和感を覚えたとしても、わざわざ異を唱えることなく、先生の指示どおりに教科書のページを開き、黒板に書かれたことをノートに写してきた。

　ユダヤの子どもだったらどうだろうか。
　あらゆることを議論しようとするユダヤの子どもなら、「なぜこの順番なのか？」という質問も飛び出すかもしれない。
　これに対して、あなたはどう答えるだろうか。

a)「順番どおりに進めるのは当たり前でしょう」といって、質問を取り合わない。
b)「わがままをいって先生を困らせないでくれよ。授業を先

に進められないじゃないか」と集団の規律を乱そうとする
　　態度を注意する。
c)「あなたはどんな順番がいいと思うの？」と子どもの考え
　　を聞いてみる。

　質問への反応は、大きくふたつに分かれるのではないか。
　「決められた順番どおりに進めるのは当然のことだ。子どもの
わがままをいちいち聞いていられない」と質問を受け流すか、それとも、「子どものいうことも一理あるな。順番を変えてみるのもおもしろいかもしれない」と質問を前向きにとらえるか。
　どちらを選ぶかによって、あなたの思考の柔軟性がわかる。

　そもそも教科書の目次は、順番どおりに進めなければならないものなのだろうか。
　目次の順番は子どもの学習能力が考慮されているだろうから、そのとおりに進めるのもひとつの選択肢ではある。しかし、教室にはさまざまな子どもがいるように、教える側にもさまざまな先生がいて、決して一様ではない。
　一人ひとりが、目の前の子どもたちにふさわしい順番を考えて、実践していくのが本来の姿であろう。
　しかし、毎年同じ順番を踏襲するうち、それが当たり前のように思えてしまう。慣れも手伝って、授業を手際よく進められるようになる。そして、やがてこう考えるようになるのだ。自分はこのやり方でずっとやってきた。このやり方が自分にとってはベストなのだ——。ここにも**思考停止の落とし穴**がある。

▓ 凝り固まった考えが柔軟な思考を阻む

　私たちは、**無意識のうちに思考に枠をはめている**。いわゆる"凝

り固まった考え"というものに、**柔軟な思考が阻まれている**のだ。
　たとえば、「これはこういうものだ」という思い込み。「授業は教科書の目次どおりに進めるものだ」というのもそのひとつだ。

　普段の会話を思い出してみてほしい。「ふつうはこうだよね」とか「そんな考え方はありえない」といった言葉をよく発しているようなら、気をつけたほうがいい。凝り固まった考えが頭の中に巣くっている恐れがある。特に**「ふつうはこうだよね」という言葉がすぐ出てくる人は思考停止状態**といえる。

　ほかにも**前例や慣例、成功事例、経験則などは、すべて思考に枠をはめるもの**だ。
　少し前であれば、前例や経験則に沿って仕事をしていればよかったのかもしれないが、いまは環境変化に合わせて自らを変えなければ淘汰される時代だ。日本人が得意とする改善ですら、急激な環境変化を生き残るには十分とはいえない。
　「よりよいものを、より安く」を追求する改善は、同じ枠組みや既定路線の延長線上で性能や精度を高めていくことでしかない。技術力さえあれば他社も追随できる。いたちごっこの消耗戦になりやすいのだ。
　成熟市場では、以前と同じことをやっていては価格競争に巻き込まれて疲弊するだけだ。前例のない領域に足を踏み入れて、自ら新たな市場を創造していかなければならないのだ。
　そのためには、過去の成功体験はおろか、自らの強みやアイデンティティすら否定しなければならないこともある。
　ここで私が思い浮かべるのは、インテル創業者のアンディー・グローブである。

▶崖っぷちに立ったインテルの決断

　インテルは、創業当初、DRAMなどのメモリー・チップを製造していた。これがインテルの主力製品だった。やがて、東芝、日立、NECなどが参入し、メーカー同士の競争が激化し、インテルのメモリー事業の業績は悪化していく。このままチップメーカーとして企業を存続させ、日本企業との競争の中で生き残る道を模索するのか──インテルは岐路に立たされていた。

　最初は、チップ製品の品質向上と研究開発への投資を増やすことで乗り切ろうとしたらしい。しかし、日本企業の追随は激しく、有効な手立てがとれなかった。

　そして、ついに当時のインテルのアイデンティティともいえるチップ事業から撤退し、新たにCPU事業に飛び込んだのである。パソコンの頭脳の中枢にあたるCPUこそ、インテルが次に軸足を置くべき事業だと見抜いたのだ。

　チップ事業からの撤退は、ユダヤ人アンディー・グローブにとっても容易なことではなかったようだ。決断の瞬間の様子を、著書『インテル戦略転換』(アンドリュー・S・グローブ著、佐々木かをり訳、七賢出版)でこう記している。

　グローブは、インテル会長兼CEOのゴードン・ムーアに向き合い、こうたずねた。
　「もし取締役会が俺たちを追い出して、新しいCEOを外から連れてきたら、そのCEOはまず何をすると思う？」
　ゴードンは答える。
　「チップ事業から撤退するだろうね」
　それを聞いたグローブが、こういうのだ。
　「この部屋から一度出て、もう1回ここに戻ってきて、それを自分たちでやろうじゃないか」

Lesson 3　思考の枠を外す〜柔軟に考えるための基本

過去の実績や経験則を捨てて、ゼロベースで未来に立ち向かうのは勇気がいる。それができたからこそ、インテルは世界の覇者に躍り出たのである。
　「一度部屋から出て、また戻ってきた」のは、思考の枠から自分自身を解放し、柔軟で自由な思考を再び手に入れるために必要な儀式だったのかもしれない。

　ユダヤ人奴隷60万人がモーゼに引導されてエジプトを脱出するヘブライ聖書の物語は、「エジプト脱出記」「出エジプト記（Exodus）」といわれる。実はこれは我々ユダヤ人にとって思考の枠、因習、思考停止（エジプトの奴隷状態）から自分自身を解放（出エジプト＝Exodus）し、柔軟で自由奔放な思考、魂の解放を手に入れる（Freedom of Sprit）こと、精神の自由、魂の自由を達成する物語だと教えられている。
　「エジプト」とは地名というよりも、凝り固まった思考、解放されていない魂、旧弊踏襲、チャレンジしない臆病さを意味するものと教えられているのだ。

Practice──ペサハを迎えることはできるか？

トレーニング9

　ペサハ（passover）は、イスラエルの民が奴隷状態から解放され、エジプトを脱出したことを祝う宗教行事である。脱出の際、着の身着のまま逃げてきた彼らは、イースト菌を持ち出す余裕がなかった。貧しく苦しかった時期のことを忘れないために、いまでもペサハの日には、あえてイースト抜きの貧しいパンを食べるのがならわしである。

　それだけではない。家の中から、一切のイースト菌を取り除かなければならないのだ。そのため、ペサハを迎えるユダヤの家庭では、イースト菌が付着するパンの欠片、パンくず、穀物の一粒も落ちていないよう念入りに掃除する。食器や調理器具は、大きな釜で煮立った熱湯に何もかも放り込んで、イースト菌を滅菌する。これほどまで徹底して掃除をしたあと、ようやくペサハを迎えることができるのである。

　ペサハの前日、ある家庭で父が娘に次のように質問した。

　「ペサハ前日の夜、リビングルームの穴からパン一片をくわえたネズミが出てきた。そして、ちょっと目を離したすきに、ネズミは別の穴から出て行った。明日、ペサハを迎えることはできるか？」

[問題]
　娘は父の質問に対してどのように答えるだろうか？

どこまで頭を柔軟にできるか

　家中をくまなく掃除し終えたその日の夜、パン一片をくわえたネズミがリビングルームを横切り、また消えていくという事態が発生。なぜネズミがパンくずをくわえていたのかはわからない。掃除が不十分だったのか。いずれにせよ、家の中に少しでもパンくずが落ちていれば、ペサハを迎えることができない。
　かといって、もう一度家中を掃除するには、時間が足りない。この状況でペサハを迎えることができるだろうか、という質問である。
　これに対する娘の主張はこうだ。

娘―「パンをくわえたネズミが穴から出て行ったのだから、パンは家の中にはないはず。だから、明日は予定どおりペサハを迎えられるよ」

　ここで、父親はあえて意地悪な質問をする。

父―「穴から入ってきたネズミと、出て行ったネズミが同じネズミかどうかわからないだろう？　入ってきたのは黒いネズミで、出て行ったのが白いネズミだったらどうする？　黒いネズミがくわえてきたパンが、家のどこかに残っているかもしれないね」

　穴から入ってきたネズミと、穴から出て行ったネズミが同じネズミなら、娘の主張は正しい。明日は予定どおりペサハを迎えることができる。
　しかし、入ってきたネズミと出て行ったネズミが別のネズミだったら？　娘は、父親が突如提示した新しい前提条件のもと、「このままでもペサハは迎えられる」と父親を納得させなくてはなら

ない。さて娘は、どう反論するだろうか。
　これが一例だろう。

娘―「一度家の中をきれいに掃除したのだから、元々家のなかにパンはなかった。だったら、白いネズミは、黒いネズミがくわえてきたパン以外に、持って行くパンはないはず。だから、黒いネズミがくわえてきたパンと、白いネズミがくわえて出て行ったパンは同じパンだよ。つまり、家の中にはパンは残っていないの。だからペサハは迎えられるよ」

　父親はさらにこう質問する。

父―「白いネズミと黒いネズミがお互いにパンを受け渡すことがあるの？　白いネズミと黒いネズミはそんなに仲がいいの？」

　これに対して、娘は見事に反論するであろう。

娘―「ネズミ同士だから仲がいいんだよ。だから食べ物の受け渡しをすることもあるの。ライオンを見てごらん？　殺した獲物をみんなで分けているでしょう？」

　父親は再び前提を崩そうとする。

父―「では、２匹が別の種類の動物だったらどうする？　入ってきたのがネズミで、出て行ったのがイタチだったら？」

　つまり、種類の異なる動物の場合、両者で食べ物の受け渡しはあるのか、という問いかけである。ネズミ同士の前提から、異種の動物同士という前提に変わったのである。

ここまでくると、頭を抱えてしまう読者もいるかもしれない。
　そもそもこの話は、穴からネズミが入ってきて、別の穴からネズミが出て行ったという話だったはずだ。それなのに、父親がイタチをもち出したことで、前提が崩れてしまっている。

娘―「イタチはネズミがくわえていたパンを奪って行ったんだよ。だって、家の中にはほかに食べ物はないから」
父―「ならば入ってきたのがイタチで、出て行ったのがネズミだったら？　ネズミはイタチのくわえていたパンを奪うことができるのかな？」
娘―「ネズミとイタチは仲がいいから、食べ物を分け合うんだよ。ネズミはイタチがくわえていたパンを受け取って、穴から出て行ったの。だから家の中にはパンはないし、ペサハは無事に迎えられるよ」

　タルムードでの議論はここで終わっている。あなたはどこまでこの議論についていくことができただろうか。
　どんなに前提が変わっても、黙り込んではいけない。前提がすり替わったくらいで口を閉ざしてしまうのは、思考が止まっている証拠だ。タルムードの議論では、前提すらも七変化する。
　頭を必死に回転させて食らいついてこそ、思考の柔軟性を鍛えることができるのだ。

　ここで紹介した議論は、頭の柔軟性を鍛える狙いに加えて、子どもに動物学を教えることも目的としている。議論を通して、異種間の動物が食べ物を分け合うことがあるのかどうかを子どもに考えさせているのである。
　実際に、異種間での食べ物の分け合いについて研究している動物学者がいる。研究によると、ライオンとヒヒの間で、食べ物の

分け合いが行われている様子が観察されたという。

　同じ色のネズミ同士だったら親子かもしれないし、同じ仲間だと考えることもできる。その場合は、食べ物を分け合うこともあるだろう。では、黒ネズミと白ネズミのように、グループが異なる場合はどうだろうか。さらに、ネズミとイタチのように異種間だったら？

　ユダヤの家庭では、このような議論が食卓で行われている。日本の学校や家庭ではどうだろうか。

▶ まずは「No」という

　ユダヤには次のような格言がある。

　何にでもまず「No」といえ。先に「No」といった場合は、何日経っても「Yes」に変更できる。先に「Yes」といい、あとで「No」といわれたら相手は怒るだろうが、「No」を「Yes」に変えるなら怒らないものである。
　「No」という時には必ず「because」をきちんと説明せねばならない。**断る以上は相手を納得させる理由をいえ**。そして「Yes」といったなら、**必ずすぐに実行せよ**。

　ユダヤ人はへそ曲がりで、なんでも「No」といいたがる民族だ。
　しかし、ただへそ曲がりなだけではない。
　「No」には必ず「because」と続け、持論を延々と展開するのである。
　西洋では子どもの頃から、「No」「because」の思考を訓練する。子どもが「お菓子を食べたい」というと、母親はまず「No」と答える。そして「なぜ食べたいの？」と子どもにたずねる。子どもはすぐに「because」といい、食べたい理由を続ける。母親を

納得させられる理由でなければ、お菓子を食べることができない。だから子どもは必死で考えを巡らすのである。

　日本では、なかなか「No」とはいわない。相手の発言に「No」で返すと、相手を否定したようになってしまうのであろう。
　かといって、はっきり「Yes」ということもない。互いに場の空気を読み、阿吽の呼吸でなんとなく物事が決められていくのがよしとされる風潮があるからであろう。
　しかし、それでは柔軟な思考はおろか、自分の頭で考えることすらしなくなる。

　まずは、「No」ということから始めてみよう。
　世の中での一般常識、前例、過去の成功事例、業界で長年続いてきた慣習など、あらゆることに「No」といってみるといい。
　これは、相手を否定するためだけの「No」ではない。「because」をいう機会を増やすための「No」である。
　自分がいった「No」に責任をもち、その理由を述べて相手を納得させるための「No」である。
　既定路線を否定することで、現状に甘んじることなく、柔軟に発想して新たなアイデアや発想を生み出すための「No」である。

　朝決めたことを夕方には変えてしまうことを「朝令暮改」という。「指示が頻繁に変わって一定しない、あてにならない」といったネガティブな意味でとらえられる傾向にあるが、大きな方向性や方針があったうえでの朝令暮改は決して悪いことではない。それを**「千変万化」**という。夕方になって状況が変われば、手段を変えるのは当然のことである。同じ手段に固執するほうがよほど危険である。
　朝令暮改を好む上司をもったなら、「いうことがコロコロと変

わって仕事がやりにくい」と腹を立てるのではなく、柔軟な思考を鍛えるチャンスと思えばよい。

　思考を固定せず柔軟に考えるには、朝令暮改の実践も大いに役立つだろう。

Practice——海を渡るモーゼ

トレーニング 10

　十の災厄を目の当たりにして恐れを抱いたエジプトの王は、ついにイスラエル人の解放を許す。イスラエルの民は、モーゼに導かれてエジプトを出国した。それもつかの間、エジプトの王はその決定を覆し、エジプト軍にイスラエルの民を追撃させた。イスラエルの民は紅海の沿岸に辿り着いたが、エジプト軍がすぐそこまで迫っている。

　追いつめられたその時、奇跡が起きた。モーゼが神に祈りを捧げると、紅海がふたつに割れたのである。

　イスラエルの民が紅海を渡り終えた頃、紅海が閉じ始めた。ちょうどこのとき紅海を渡り始めていたエジプト軍は、海に飲み込まれていった。

[問題]

　ヘブライ聖書に描かれたこの奇跡を、あなたは信じるか。
　またその理由を述べよ。

▶本当に「あり得ない」のだろうか?

　ヘブライ聖書には、"超常現象"としか呼べないような物語が数多く描かれている。
　「ノアの方舟」の話は聞いたことがあるだろう。神が怒って、地上に大洪水を起こした。神の啓示を受けたノアの一家だけが、森の木を切り倒してつくった巨大な方舟に乗り、生き延びることができた。それ以外の人間はすべて溺れ死んだ——そういう物語である。

　この物語を信じるか、それとも、ただの作り話だと一笑に付すだろうか。
　私たちユダヤ人は、ヘブライ聖書に書かれたこれらの物語を真実だと思っている。本当に起こったはずだと信じているのだ。
　ユダヤでは、奇跡には必ず神の介在があると考えられている。偶然のように見えて、すべては必然のなせるわざなのだ。人間社会に起きる出来事で、神が介在しないものはない——これがユダヤ人の考えである。

　海が割れるなど、常識では考えられないことかもしれない。そんな突拍子もない話にはついていけない。まともに信じるほうがおかしい、と多くの日本人は思うだろう。
　だが、世界を見渡せば、それに近いことは現実に起きている。
　ヘクトパスカルとは低気圧の指標だ。通常1100ヘクトパスカルのところに950ヘクトパスカルの台風並みの低気圧が襲うと、それだけで潮位は150cm上がる。そこにハリケーンの風が潮位を押し上げる。1m押し上げるとすると合計2.5m潮位が上がる。満潮と重なると4～5m潮位は上がる。そこに地震による津波が重なると潮位は平気で10m、20m上下する。そうなるとマンハッタン

Lesson 3　思考の枠を外す～柔軟に考えるための基本

は全没だ。

　2012年、アメリカを巨大ハリケーンが襲った。高潮の影響でニューヨークのマンハッタン南部が水没し、甚大な被害が出たのだ。

　このとき、マンハッタン南部の水位は、最高で13.88フィート（4.2メートル）にまで上昇したが、過去には38フィート（11.8メートル）の水位上昇を記録したハリケーンがマンハッタンを襲ったことがあるという。

　マンハッタンで水位が10メートル以上も上昇したということは、世界のどこかで水位が10メートル以上も下がったことになる。これこそ紅海が割れた現象とまったく同じである。

　つまり、海の高さが極端に変化したのだ。

　人が紅海を渡るには、どのくらい水位が下がれば可能だろうか。仮に30メートル下がれば紅海が"割れる"とすれば、そのためには、世界のどこかで水位が30メートル上昇すればいいことになる。こう考えると、決して起こり得ない現象ではない。

　現実に大津波が陸を襲う直前には潮位が恐ろしく低下する巨大な引き潮の現象が起こり海底が露出することがある。その時、ユダヤ人は海が割れたといい対岸に渡った。ところが逆に津波が戻ってきて、次に海を渡っていたエジプト軍は波にのまれた——そう考えると十分あり得る自然現象であり、「想定内事態」である。

すべては「想定可能」である

　ヘブライ聖書には、ほかにもこんな物語がある。

神がアブラハムの前に現れて、「あなたの妻・サラは来年、子どもを産むだろう」と告げた。そのときアブラハムは99歳、サラは89歳。これを物陰で聞いていたサラは、「私も主人もこんな老いぼれなのに、子どもができるはずがない」と心の中で笑った。しかし、神がいわれたように、サラは身ごもり、翌年男の子を生んだ。イサクと名づけられた。

(創世記より)

　100歳のアブラハムと90歳のサラの間に、子どもが生まれた。
　ユダヤ人はこれも信じている。なぜなら、神の介在により、サラの卵子が若返ったと考えるからだ。
　どうやって若返ったかは、現代の科学では解明されていないが、それがサラの出産を否定する理由にはならない。とにかく奇跡は起こったのである。
　ほかにも、ユダヤ人がこの奇跡を信じる理由がある。サラの生んだ子どもはイサクで、その息子がヤコブ。このヤコブこそ、「イスラエル」の名を得て、ユダヤ人の祖となった人物である。つまり、サラの出産の物語は、4000年の時を超えて現代のユダヤ人にもつながる物語なのである。

　現代のユダヤ人は、聖書のなかの物語の数々を「あり得ない作り話」と否定せず、本当にあったことと信じ、そうした物語の延長線上に自分たちの存在があると考えている。
　ノアの方舟も、サラの出産も、海を渡るモーゼも、まるで昨日の出来事のように考えている。理屈っぽいユダヤ人は、「海が本当に割れたのなら、どのような必然でそれが起きたのか」を考え、

どのような神の介在があったのか知ろうとする。それは、**現代の窮屈な常識の支配など微塵も及ばない思考であろう。**

ユダヤ人の自由かつ柔軟な思考は、聖書のなかの突拍子もない物語すら議論の対象にするという、ユダヤ人独特の思考習慣の賜物でもあるのだ。

したがって、**ユダヤ人の頭の中には「想定外の出来事」というのは存在しない。**「想定外の出来事」であふれ返っているヘブライ聖書を熟読しているからだ。

大津波が襲った時であれ、「想定外でした」とユダヤ人はいえない。そんなことをいおうものなら「君はヘブライ聖書を読んでないのか？　それでもユダヤ人か？」となるからだ。

可能性を否定した瞬間に思考は停止する

モーゼが海を渡った話もサラが90歳で子どもを生んだ話も、「こんなことはあり得ない」と否定した瞬間に、思考は止まる。

本当にあったかどうかは、誰にもわからない。けれども、「**あり得るかもしれない」と考えることで、「どうしたら起こり得るか」と前向きで創造的な思考へと向かうことができる。**

可能性を頭から否定せず、「あり得るかもしれない」とプラスの側面に光を当ててみるのだ。これが自由に柔軟に発想するためのスタートラインである。

「ノアの方舟」を例に考えてみよう。

地上を襲う大洪水に備えて、ノア一家は巨大な舟をつくった。おそらく戦艦大和よりも大きな舟だ。

なぜ、神はノア一家に巨大な舟をつくらせたのだろうか。それは、すべての動物のつがいを乗せるためである。舟に乗り込んで生き延びた人間は、ノアの家族5人だけ。あとはすべて動物であ

る。動物を乗せたのは、動物は人間よりも優先されるからである。神が天地を創造したとき、天地の次につくられたのが動物たちであり、人間はその後につくられた。動物が人間よりも優先されるということは、ヘブライ聖書に書かれたことなのだ。

　さて、この物語を信じる人たちがいま何を考えているか、あなたには想像できるだろうか。NASAの火星移住計画は、ノアの方舟と同じ発想ではないだろうか。
　地球はいずれ滅びる。そのとき、人類の存続をかけて火星に送り込まれるのは誰か。おそらく優秀な学者から選ばれた男女数十名、そして動物と植物だろう。ノアの方舟の再現である。
　いま述べたことはあくまで私の推測にすぎないが、聖書に書かれた"超常現象"を日々議論しているユダヤ人なら、このようなことを考えていてもおかしくない。
　この発想のスケールに太刀打ちできないようでは、日本人が世界を相手に戦うことは到底できないのではないか。

Part 2

問題解決力
――戦う力、生き抜く力を身につける

Lesson **4**

感情に流されない
〜問題を冷静に考える力を身につける

First Question

トレーニング11

　駅のホームから線路に転落した人を助けようと線路に飛び降りた青年が、進入してきた電車にはねられ、自らの命を落としてしまった。国は、その勇気ある行動を称え、青年を表彰した。

　あなたは、自分の命を顧みず人命救助を行ったこの青年を国が表彰することは正しいと考えるか？

マスコミに流されていないだろうか

　10年以上前、駅のホームから転落した人を助けようとしたふたりの男性が亡くなるという事故が起きた。うちひとりは韓国人の青年であり、日本という異国の地での"勇気ある行動"は美談として日韓両国で大きく報道された。ふたりの遺族には総理大臣より感謝状が贈られた。

　また近年も、線路の踏切の中にいた高齢男性を助けようとして電車にはねられ死亡した女性に対して、総理大臣の感謝状と紅綬褒章が贈られた。

　人命救助で命を落とした人を国が表彰することが正しいのかどうか——これは私がセミナーで最初に参加者に投げかける問いである。

　日本では、こうした質問をあえて口にする人はほとんどいないのではないだろうか。

　日本人の多くは、自らの命を顧みず人命救助で亡くなった人た

ちの勇気ある行動に感動し、結果的に彼らが命を落としたことに同情した。世の中が称賛ムード一色に染まるなか、表彰を疑問視したり、異議を唱えたりしようものなら、「そんなことを問題にすること自体がおかしい」「自分の命を犠牲にしてまで人を助けた人を侮辱するのか？」とかえって非難の的になりかねない。

　私はこの硬直した空気を、とても危険だと感じている。
　もちろん、身の危険を顧みず他人を助けようとするなどなかなかできることではない。
　しかし、**命を投げ出してまで他人を助けた行為と、その行為を国や社会が称賛することは別問題**である。切り離して考えるべきだろう。にもかかわらず、"勇気ある行動"への感動や同情がヒートアップするあまり、物事を冷静に議論することができなくなっているのは、あまりにも危険だ。

　先ほどの問いは、人助けの行為について是非を問うものではない。その行為を国が表彰することの是非、つまり自分の命を投げ出して他人を助けることを称賛する社会がいいかどうかという、社会の在り方を私は問題にしている。
　私自身は、過度の称賛をすべきではないと考える。
　もし、あなたが同じ場面に遭遇したらどうかを冷静に考えてみるとよい。駅のホームであなたの隣に立っていた人が、誤って線路に転落した。そばにはあなたしかいない。今まさに電車が駅構内に進入しようとしている。線路に立ち入れば、あなたの命も危ない——そのような状況においてなお、あなたは助けに下りるのか。
　自分の命を投げ出して他人を助けることを称賛し、これを是とする社会ならどうだろうか。もし、あなたが助けに行かなければ、「人が落ちるのを見て見ぬふりをした、非情で利己的な人間だ」

Lesson 4　感情に流されない〜問題を冷静に考える力を身につける

とまるで殺人者か何かのように叩かれるかもしれない。

いまの時代、あなたの行動は監視カメラで逐一記録されている。社会の目から逃れることはできないのだ。助けに行かないあなたの状況がすぐに誰かのスマホに撮られ動画が投稿される。そして「殺人者だ」とweb上で非難される。

このような社会が果たして健全な社会だといえるのだろうか。

流されないために自分の頭で考える

これに似た議論がタルムードにもある。

広大な砂漠を青年が歩いている。彼の水筒には、次の町に着くまでに必要な最小限の水しか入っていない。道中、方角を見失い砂漠をさまよう旅人に出会った。「もう何日も水を飲んでいない。のどが渇いて死にそうだ、その水筒の水を半分わけてほしい」と懇願する旅人に、青年は水筒の水を分けるべきか否か——。

水を分け与えれば、青年は生きて次の町にたどり着くことができなくなるだろう。しかし、水を分け与えなければ、それこそ旅人の命が危ない。目の前で助けを求める人を見殺しにするのか、それとも自分の命を危険にさらしてまで旅人の命を救うのか。

私たちユダヤ人は、まず次のように考える。
「神はなぜ私をこの世に誕生させたのか」
砂漠で人を助けるためか。
いや、そうではない。私たち一人ひとりには神から与えられたミッションがある。ミッション遂行の途中で、それぞれの命がむやみに奪われるべきではない。
つまり、自分の命を犠牲にして人を助けることを称賛する社会

は、神が望む社会ではない——これがユダヤの考え方である。
　そこに「旅人を見殺しにするのは可哀そうだ」という感情論が入り込む余地はない。

　ユダヤ教では、何が正義であり、何が価値あるものかは、ヘブライ聖書に書かれており、タルムードで議論し尽くされている。これらの教えは、私たちユダヤ人にとって絶対であり、私たちが生きていくうえでの指針になっている。
　しかし、多くの日本人には宗教に基づく絶対的な「物差し」がない。正義や価値基準がその時々のマスコミ報道や世論に左右されている現在の状態は、とても危険である。
　マスコミに容易に流されないためにも、自分の頭で考えなければならない。感動や同情といった安易で心地よい感情で、思考を停止させてはならないのだ。
　冷静に物事を捉え、さまざまな視点から徹底的に考えることで、世論や世の中の空気に左右されない自分なりの物差しをもつ必要があるのである。

　そのためには、Lesson 1 でも述べたように、「あらゆることを議論の対象とする」ことが最初のステップになる。
　靖国問題や捕鯨問題など、立場によって意見が対立する社会的にセンシティブな問題も例外扱いせずに議論するのだ。感情的になりがちな問題を議論する冷静さを確保することが、何よりも重要であろう。
　神が定める絶対倫理と人間社会の報道機関がつくる感情論とは明確に違うものである、と我々ユダヤ人は考えている。

Practice——親鳥とヒナ

トレーニング 12

ヘブライ聖書には、次のような教えがある。
「道を歩きながら鳥の巣を見つけた場合、親鳥がヒナを守っている間はヒナを奪ってはいけない（ただし、親鳥が飛び立った後ならヒナを奪っていい）」

[問題]
鳥の巣を見つけたのが海の中だったら、巣に親鳥がいてもヒナを奪っていいだろうか？

■「可哀そうだから」は理由にならない

　これもタルムードにある議論である。
　「鳥の巣が海の中にあったら？」という問いかけに、タルムード独特の奇想天外さが炸裂している。
　「海の中に鳥の巣などあるわけがない、常識を逸している」と思うかもしれないが、ここは難問奇問にどうやって論理で対抗するかが重要である。頭の体操と割り切って考えてほしい。

　ユダヤの学校では、先生が生徒に上記のような質問を投げかけ、生徒が理屈で対抗するという形で議論が進められる。
　「もし鳥の巣を海の中で見つけたらどうするのか」というのは、「海の中だったら、親鳥の目の前でヒナを奪っていいのか」という意地の悪い質問である。
　何も考えずに答えるなら、「ヘブライ聖書が禁ずるのは陸の道を歩いている時に限定される。海の中には道はないから奪っていい」となるだろう。

　しかし、人の心情として親鳥の目の前でヒナを奪うのは可哀そうだ。なんとかして「ヒナを奪えない」という結論にもち込みたい。そこで、生徒たちは「可哀そう」という感情論ではなく、理屈で相手を説得できる主張を必死に考える。
　「可哀そう」などの感情は人それぞれ感じ方が異なるため、説得力のある理由にはならないからだ。

　「道の上では親鳥の目の前でヒナを奪えない」という原理原則に沿って議論するために、「道」の定義や解釈をどうやって海にまで広げるのか。
　難問奇問を論破するカギはそこにある。

Lesson 4　感情に流されない〜問題を冷静に考える力を身につける

道は陸の道だけか？　海ではどうだ？
　「海の中にも『道』はある」という根拠を示すことができれば、反論の余地を与えない論理的な回答が可能になる。
　たとえば、ユダヤの生徒はこんな回答をする。

生徒―「海の中にも道はある。我々ユダヤ人は紅海に道をつくって今ここにいる。だからヒナを奪ってはいけない」

　ユダヤ人が好んで使う根拠に、ヘブライ聖書からの引用がある。「海の中にも道はある」の根拠として示された「我々ユダヤ人は紅海に道をつくって今ここにいる」というのはまさにそうである。
　紅海につくられた道とは、前章でも紹介したとおり、エジプトから逃げてきたモーゼ率いるユダヤ人たちが渡ったという、あの道である。
　先生の質問はさらに続く。

先生―「鳥の巣が人の頭の上にあったらどうか。巣に親鳥がいるときにヒナを奪っていいか」

　これに対して、あるユダヤ人の答えはこうだ。

　「人の頭も土埃がつけば道になる。なぜなら、ダビデ王の優秀な副官が、作戦を伝えるために王のいる山の上に必死で駆け上がってきた時、あまりに急いでいたため副官の被っていた帽子に土埃の道ができていたからである。だから、ヒナを奪ってはいけない」

　これもヘブライ聖書からの引用である。
　ユダヤ人にとって、ヘブライ聖書に記述されていることは心強

い根拠だ。ヘブライ聖書の一節を引き合いに出されたら誰も反論できない。

だから私たちユダヤ人はヘブライ聖書の勉強を欠かさないのだ。

ヘブライ聖書に馴染みの少ない日本人には、聖書の一節を引き合いに出した反論は難しいと思われるが、根拠ある論理的な答えであれば、屁理屈でも構わない。「道」の定義や解釈を広げて、親鳥の前でヒナを奪えない論理的な根拠を見つけ出すのである。

「道でもなく、海でもなく、空中に鳥の巣が浮いている。そこに親鳥がいる状態でもヒナを奪えるか」と問いかけられたら、「空には鷹の道がある」「空には飛行機の航路がある」という答えも考えられる。

では「海の中」や「人の頭の上」ではどうだろうか。

海の中や人の頭の上にはどのような道があるのか、またその根拠は何か——ヒナを助けるためにはどう説得すればいいかを考えてみてほしい。

「根拠は何か」を徹底的に考える

感情論から切り離して論理的に説明するには、**「根拠は何か」**を導き出すことが有効だ。社会的対立から感情論に陥りがちなテーマについて、根拠を示しながら議論することがよい思考訓練になるだろう。

テーマはいくらでも探すことができるであろう。

たとえば、海外で4人の自国の旅行者がテロリストに誘拐されたと仮定しよう。4人の救出のために1000人の部隊を派遣するのは指導者として正しい決断か。

部隊の派遣は「正しい」「間違っている」の二手に分かれて議

論してみるのもいい。議論する相手がいなければ、立場を明確にしたうえで自分の主張を組み立ててみるとよいだろう。

いずれの立場をとる場合も、感情的にならずに主張の根拠を示すことがポイントである。

世界のリーダー養成機関で行われている考える授業

アメリカの高校では、「第二次世界大戦中にアメリカが広島に原爆を投下したことは正しかったかどうか」が授業で話し合われている。

原爆投下は「正しかった」という立場と「大量虐殺だ」という立場に分かれ、互いの主張の根拠を示しながら議論するのだ。

特にエリートを養成するボーディングスクール（全寮制の寄宿学校）でこのような授業が行われている。

感情的になりがちで、簡単には答えの出ない議論、物議をかもすような議論を通じてこそ、指導者は養成される。

指導者になるということは、原爆のような大量殺りく兵器を使用するか否かの決断を求められる立場になるということである。大量殺りく兵器の使用についての議論は、指導者になる過程では避けて通れない議論なのだ。

なお、オックスフォード大学に世界的に有名なディベート協会オックスフォード・ユニオンがある。そこではそういった議論大会が定期的に行われている。

「神は存在するか」という議論はあまりにも有名な看板ディベートだが、最近では「イスラム教は平和な宗教か」というディベートが行われ、注目された。

経営者も同じである。

　今は終身雇用を維持する企業体力があっても、経営環境が変われば、従業員を大量に解雇しなければならなくなるかもしれない。厳しい局面において、企業が生き残るために従業員を大量解雇するべきか、それとも雇用は守るべきか。あなたが経営者ならどう決断するだろうか。またその根拠は何だろうか。

　こうした議論は、ビジネススクールで行われるべきだ。いかに現場の効率を改善し、業績をあげるかばかりを議論していても、真にリーダーシップを発揮できる経営者は生まれないからだ。

Practice──キツネと葡萄畑

トレーニング 13

　ある日、キツネが葡萄畑のそばを通りかかった。あまりに美味しそうな葡萄が垂れ下がっているので畑に入って取ろうとした。ところが、葡萄畑はしっかりと柵に囲まれていて、太ったキツネはその隙間を通れない。そこでキツネは考えた。

「よし、それなら野うさぎを捕まえるのをやめて何日も空腹を我慢すれば、痩せて柵の隙間を通れるようになるに違いない」

　キツネは餌を獲る狩りをやめて自分の巣の中に何日もこもって、空腹をじっと我慢した。やっと柵の隙間を通れるくらいに痩せてきたので、フラフラになりながら巣穴から出て、葡萄畑の柵をすり抜け、お目当ての葡萄にありついた。その葡萄があまりに美味しいので、キツネは夢中になって食べ続け、ついに葡萄を全部食べ尽くしてしまった。

　キツネは、自分の腹が葡萄でパンパンに膨れ上がって、入ってきた柵を通り抜けられなくなっていることに気づいた。このままでは自分の巣穴に戻れない。そこでふたつの方法を考えた。

A…食べた葡萄を全部吐き出して胃袋を元のペシャンコに戻す
B…葡萄の木の間に身を隠して、入ったときと同じように痩せるまで待つ

問題
　キツネはどちらを選択するだろうか？

▎リスクの捉え方でとるべき戦略が決まる

　これはユダヤの母親が子どもに語って聞かせる小話である。
　キツネのとった行動を子どもに判断させ、その答えにさらに突っ込んだ質問をしながら、キツネがとり得るより適切な行動を子どもに考えさせる。
　あなたならAとBのどちらを選択するだろうか。

　8割の読者がBをとるのではないかというのが私の予想である。
　Aを選択すれば、猟師に見つかるリスクはないが、せっかく食べた美味しい葡萄をすべて吐き出さなければならない。巣穴で我慢して痩せた努力が水の泡になってしまう。一度手にした成果を手放すのはとても勇気のいることであり、Aを躊躇なく選ぶ人は少ないだろう。
　だったら、一か八かで猟師に見つかるリスクを冒しても、成果を得るほうに賭けてみる、という方法がBである。出たとこ勝負の潔さ、といえば聞こえはいいかもしれない。しかし、運がよければ猟師に見つからないかもしれないという希望的観測から、何の用心も対策もとらないのであれば問題だ。

　ユダヤの母親は子どもがどちらを選んだら正解というだろうか。
　おそらくAと答えてもBと答えても首を縦には振らないだろう。この場合、AもBも最適な答えではない。
　全部吐き出せば何日も空腹を我慢した甲斐がないし、柵の中にとどまれば命の危険があってリスクが大きすぎる。それでは葡萄を最初からあきらめるのかといえば、そうではない。
　状況を分析し、どうすればリスクを最小限に抑えながら、最も多く得ることができるか——ユダヤの母親が子どもに教えるのは、**最小リスクで最大効果**をいかに生み出すかということである。

ユダヤの子どもたちの一番多い答えは、「いつでも柵の隙間から出られるように、胃袋が満杯になるまで食べない」「何日もかけて少しずつ食べる」だろう。日本にも「腹八分目」という考え方があるが、この場合はもっと慎ましく「腹三分目」くらいで我慢する感じだろうか。

　答えはいくらでも考えられる。
　そもそもキツネが柵の中には入らずに美味しい葡萄にありつく方法はないだろうか、と考えるのも効果的な視点だ。それができれば、猟師に見つかったり逃げ出せなくなる危険も回避できる。

冷静に「現実」を分析する

　多少のリスクには目をつぶり、「なんとかなるだろう」と一か八かを狙うのが日本人にありがちな選択だとすれば、徹底的なリサーチに基づく冷静な判断で確実に成果を得ようとするのが、ユダヤ人をはじめとする欧米人のアプローチである。この考え方の違いは大きい。
　国際政治や戦争の歴史を見ても、「一か八か」に打って出る日本人と、周到なリスク分析や現状分析で最適な方法を見出してきた欧米人では、結果に大きな差がついた場面があった。

　その最たるものが、第二次世界大戦ではなかっただろうか。
　「死んだら靖国で会おう」を合言葉に勝利を過信して戦争に突き進んだ日本。死に物狂いで戦えば日本の軍人は絶対に負けないと闇雲に信じていた、いわば夢想家の集団ではないか。
　一方のアメリカは、敵国の戦力を徹底的に調査、分析して対抗した。日本の零戦はなぜ強いのか、どうすれば零戦に対抗できる戦闘機をつくれるのか。そのための工場をどのようにして設置す

るのか。状況を冷静に判断し、生産能力こそが戦力だという結論に至った。そして、最終的には零戦を凌駕する戦闘機をつくり、戦局に投入した。

また、日本海軍の暗号を解析したのもアメリカだった。一方、日本はついにアメリカ軍の暗号を解析することはできなかった。

敵国の戦力を調査、分析し、勝つために必要な戦い方を考え抜いて実践したアメリカが勝利したのは、当然の結果だったのかもしれない。

▶ Dreamer（空想家）からAnalyst（分析家）へ

あるとき、私の指導役であるラバイが日本人をこう評した。

「日本人はAnalytical（分析的）ではなく、Dreamer（空想家）だ」

——夢見る空想家だというわけだ。
つまり、こういうことだ。

ハーバード大学やオックスフォード大学をはじめ世界の大学教育の現場では、「分析的」であることがとても重要視されている。ところが、日本人学生の論文には「私はこう思う＝I think」と主観で書かれた論文が多く、分析的な視点が欠けているというのだ。

同様に、欧米のジャーナリストが書く記事と日本の記者が書く記事との間にも大きな違いがあるとラバイは指摘する。

膨大な調査に基づき、調査結果を引用しながら客観的かつ分析的に論じられているのが欧米のジャーナリズム。一方、事実の裏付けに必要な調査をすっ飛ばし、記者の主義主張や感情で記事が組み立てられているのが日本の記事だという。

分析的な欧米人と、空想家の日本人。

この違いが国際政治や企業間競争、教育などの世界で日本人が遅れをとりがちな根本的な要因のひとつだと考えられる。

　空想するだけでは、現状を正しく認識することはできない。
　調査や分析に基づき論理的に思考する。これが**国際社会での交渉・競争で生き抜くために必要な思考力**である。
　普段から情報を疑い、「実際はどうなのだろう」と自分で実態を調べてみる習慣が大切だ。

　情報に向き合う姿勢は特に重要である。
　マスコミを鵜呑みにすることなく、事実を独自調査しているのか、学者の発表を丸呑みにして報道していないかを、情報を受け取る私たちがしっかりとチェックしていれば、マスコミに扇動されることはないはずだ。
　私たち受け手自身が分析的な視点をもち、情報のチェック機能を果たさなければない。

Practice──堕胎の規律

トレーニング 14

ユダヤでは、妊娠40日までは堕胎してよいとする意見がある。

|問題|
40日の根拠は何かを考え、示せ。

■「定義」を考える

　堕胎に関する議論は、国や宗教によっても意見が対立するセンシティブなテーマのひとつである。堕胎はそもそも許されるべきなのか、また許されるならいつまでに堕胎すべきなのか。

　これらの議論は、「堕胎は胎児が可哀そうだ」という感情論とも結びつきやすく、「胎児が可哀そうだから、堕胎は許されるべきではない」「いや、私は可哀そうだとは思わない」といった感情の応酬に陥ると、議論はそれ以上進まなくなる。

　くり返しになるが、**「可哀そう」のような感情的な理由は、論理的な根拠にはなり得ない。**

　ユダヤでは妊娠40日までは状況により堕胎が許されるとする有力説がある。妊娠40日までは堕胎してもいいが、40日を過ぎたら堕胎してはいけない。

　その根拠になっているのは、**「胎児とは何か」の定義**である。

　ユダヤの有力説では、妊娠40日までは胎児に手足が見られず母体の一部だと考えられている。母体の一部だから、胎児をどう処理するかは母親の自由に任される。

　ただし、それを過ぎたら母体の所有物ではなく、ひとりの人間になる。だから堕胎は許されない、という考え方だ。

　この考え方では受精卵を着床前に母体から取り出す医療は全く問題ないとされる。

　一方、ローマ・カトリックでは40日の前後を問わず一切の堕胎認めていない。推測するに、ローマ・カトリックでは、受精の瞬間から母体とは別個の生命であり、「人間である」と定義していると考えられる。

　つまり、ユダヤとローマ・カトリックでの主張の食い違いは、

胎児を妊娠40日までは「母親の一部」とするか、受精の段階から受精卵は「一個の生命（人間）」とするかの違いだということになる。

では、何をもって卵子は生命（人間）といえるのか。

この問いこそが、堕胎を許すか許さないかという議論の論点ということになるだろう。

もうひとつ、定義の重要性がわかる小話を紹介しよう。

イスラエルの最高法院は、「聖なる地、イスラエルに豚を連れて入ってはならない」と規定している。これに対して、あるユダヤ人はどうしたか。

「よしわかった、俺は高床にして豚を連れて入る。そうすれば聖なる地には豚を入れていないことになる」といって、高床にして豚を連れて入った。これには誰も反論できなかった。

高床にして豚を連れて入れば、聖なる地に豚を入れていないことになる——これはいかにも屁理屈のように思えるかもしれないが、このユダヤ人が**「聖なる地」をどう定義したか**がポイントだ。

この小話での論点は、聖なる地との「接触の有無」である。

豚を地に足をつけた状態で聖なる地に連れて入ることはできないが、地に足をつけていなければ、連れて入ることができると、このユダヤ人は考えた。つまり、**聖なる地とは「地面そのもの」を指し、地面に接触していない部分は聖なる地ではない、と定義**したのである。

この定義の背景にあるのは、「豚がウイルスをもち込む危険性」である。豚の足が地に接触していればウイルスをもち込む危険性があるのに対し、高床であれば豚がウイルスをもち込む危険性はなくなるというわけだ。

■「定義」が論理的思考のスタートである

　論理的に考えることが苦手な人は、言葉の定義が曖昧な傾向がある。
　言葉の定義が曖昧だから、感情が入り込む余地が増える。反対に言葉の定義を明確にすれば、感情に左右されることも少なくなる。

　たとえば、ある人が私に面と向かって「お前は馬鹿だ」といったなら、私は怒るだろう。この状況では「馬鹿だ」といわれたのは私、石角莞爾自身であることは明らかだ。だから私は不愉快に思うわけだ。
　ところが、ある人が私に向かって「日本人はロジカルシンキングができない」といったとしても、私は不愉快には感じない。自分のことをいわれているとは思わないからだ。

　しかし、多くの日本人——恐らく100人中99人は「日本人はロジカルシンキングができない」といわれた時に、自分も含めてそういわれていると感じるようだ。
　それが感情的になってしまう要因ではないだろうか。

　ユダヤ人は、言葉の定義をまず考える。
　先ほどの例でいえば、「日本は」や「日本人は」と非難されたときは、「日本」や「日本人」をどのように定義しているのか、

なぜそのような発言をしたのかを、まず相手に問い詰めるべきだろう。
　定義あっての非難であり、批判である。
　定義が曖昧なまま議論するのはまったく意味がない。

　感情で物事を処理しようとすると、感情が思考を停止させ、それ以上に思考が深まらない。適切な判断ができないばかりか、世の中の潮流も見失ってしまう。
　言葉の定義を明確にすることで、議論の物差しが明確になるはずだ。

Part 2

問題解決力
―― 戦う力、生き抜く力を身につける

Lesson **5**

「あれもこれも」をやめる
～自分のスタンスを明らかにする

First Question

トレーニング 15

　あなたはユダヤ人とのビジネスミーティングに臨んでいる。ミーティングでは、そのユダヤ人が近所で美味しいと評判の喫茶店からコーヒーを取り寄せてふるまってくれた。

　さて、ミーティングが終わりに差しかかろうとする頃、ユダヤ人がコーヒー代について驚くべき発言をした。ただ、それは非常にユダヤ人らしい発言だった。

　このユダヤ人はいったい何といったのだろうか？

▶ 投資とリターンの視点

　上記は、私がユダヤ人のビジネスパートナーとミーティングした際に、実際にいわれたことである。日本人がこの発言を聞いたら、「なんて厚かましい人だろう」と思うかもしれない。

　日本人なら、来客にコーヒーをふるまうのは当然だと考えるか、コーヒー代くらいで細かなことをいうのもみっともない、いずれ大きな取引に結びつけばコーヒー代くらい安いものだと考えるだろう。

　ところが、このユダヤ人は違った。

「このコーヒー代は、あなたのために出費した。あなたからの見返りは何が期待できる？」

　こうたずねたのだ。

仮にコーヒー代が900円とするなら、このミーティングで3,000円くらいは儲けさせてほしいというわけだ。

　ユダヤ人は、短期利益の追求が徹底している。
　今この瞬間でどれだけの利益が得られるのかを、とてもシビアに見ているのだ。1時間のミーティングで成果が出ないのなら、次からは会わないとでもいうつもりだろうか。この日の900円の出費が、もしかすると3年後には1億円の取引に化けるかもしれない、などとは微塵も考えないようだ。
　ユダヤ人は、「自分はどこで儲けるか」のスタンスが明確である。
　次に紹介する説話にもそのことがよく表れている。

Practice──ナポレオンとニシンの話

トレーニング 16

　ナポレオンがヨーロッパを征服したとき、それぞれ征服した国の協力者に「お前たちに褒美をとらせるから、欲しいものをいいなさい」といった。

　フランス人は「ワイン畑とワイン工場が欲しい」、ドイツ人は「麦畑とビール工場が欲しい」、イタリア人は「小麦畑とおいしいパスタ工場が欲しい」と申し出た。

　ところがユダヤ人は「ニシンを2匹だけ欲しい」といった。

　それを聞いた他国の人々は、「ナポレオン様がせっかくご褒美をくれるといっているのに、そんなちっぽけなものをもらって、ユダヤ人はバカだな」といって笑った。

問題
　ユダヤ人は、なぜニシン2匹だけを褒美に望んだのか。

▶ 確実に成果を得ることを目的にすると？

　ナポレオンがヨーロッパを征服したのは今から約200年前の19世紀初頭だが、ユダヤの説話には時代の覇者の名前も度々登場する。
　ニシン２匹とは何とも質素な要望だ。ナポレオンからの褒美ならもっと欲張ってもいいのに、と他国の人々が思うのも頷ける。

　実は、この説話には続きがある。
　願いが叶ったのは、ユダヤ人だけだったのだ。ニシン２匹という望みはすぐに叶えられ、ユダヤ人はニシンをもらって帰っていった。ところが、他の国の協力者の大きな望みは、絵に描いた餅に終わってしまった。ヨーロッパ征服の後、ナポレオンがすぐに没落したため、彼らは何も得られなかったのである。
　欲張らずに、すぐに叶えられる小さなことから着実に実践したユダヤ人だけが、褒美を手にすることができたのだ。

　こうしたユダヤ人の行動特性は、長い受難の歴史の中で身につけてきた生きるための知恵だったともいえる。
　民族が生き残るためには、日々の糧を得るお金が必要だった。お金儲けは、そうした小さな利益の積み重ねであり、一攫千金を目論んでも結局は何も手に入らない。他人にバカにされても着実に手に入る日々の糧が一番大切だと、この説話は教えているのである。
　また、ナポレオンの名前を登場させるのは、「権力は移りゆくもの」というユダヤ人への諭しでもあるのだろう。
　現状での安定が長く維持されるものでないからこそ、いまこの瞬間で得られる利益を大切にすべきだとユダヤ人は考える。

▶ 守備範囲を明確にする

　自分が確実に儲けられる部分はどこか——ユダヤ人は守備範囲が明確である。

　先のように、特に短期利益を徹底的に追求する。

　イスラエルにスタートアップ企業の数が多いことも、その表れではないか。

　イスラエルには、ナスダックに上場した企業が、アメリカに次いで多く、その数は70社にもなる。

　前出の『START-UP NATION』を読むと、ユダヤ人が得意なのはスタートアップであり、スタートアップでの短期利益を狙っていることがよくわかる。

　ユダヤ人にとっては、新たなビジネスモデルを開発して一気に成長させるスタートアップこそが面白く感じられるため、その部分に集中したいというスタンスが明確なのである。

　スタートアップ以降は、事業として展開・拡大していくのが得意なアメリカ人など他の企業に任せるというスタンスである。日本企業が、企画開発から製造、販売、アフターケアまですべて自社で対応しようとするのとは対照的である。

　守備範囲とは、ビジネスモデルの中核を何にするかということでもある。

　その点で、アマゾンと楽天の比較は興味深い。

　アマゾンと楽天は、どちらもネット通販から始まったが、今ではまったく異なる事業を展開する企業に発展している。

　アマゾンは、書籍や日用品などの物だけでなく音楽や映画などもクラウド技術を使って届けている。リアルかデジタルかの違いはあるが、**一貫して「物を届ける」ことに特化**する。独自の配送システムを使って月面への配達も視野に入れるほどの徹底ぶりだ。

　一方の楽天は、楽天市場のほかにクレジットカード、旅行、証

券、銀行、さらに球団も保有するコングロマリットである。楽天会員に対して**多種多様なサービスを提供し、顧客を囲い込む**というビジネスモデルである。ここまで何から何まで傘下に取り込む企業形態は、世界でも非常に珍しいのではないか。

アマゾンが物流に特化した進化を遂げてきたのは、「自分たちは何で儲けるか」がはっきりしているからである。可能な限りどこまででも物を届けるというビジネスモデルが明確である。**自社の強みは何で、ビジネスの中核に何を据えるべきかを議論し尽く**してきた結果であろう。アマゾンの発展の軌跡はユダヤ的である。

対する楽天の発展の軌跡は、非常に日本的である。企業買収をくり返し、あれもこれもと事業を広げてきた。

楽天のように事業を拡大して、いずれネット金融会社になっても、それはそれで生き残り方のひとつかとも思うが、それなら、なぜ最初からネット金融に特化しなかったのか、回り道は時間と経営資源の浪費ではなかったのか、となる。

ユダヤのスタートアップは目的と守備範囲が明確である。短期で売却して、それを元手にまた別のスタートアップを始めるのがユダヤ的だからだ。

Practice──魔法のザクロ

トレーニング17

　あるところに仲良しの３人兄弟が住んでいた。兄弟がそれぞれに成人に達したので、10年間各地で修行をすることにした。ひとりは東に、ひとりは西に、ひとりは南に旅立った。兄弟たちは旅立ちの前に誓い合った。また10年後にこの家で会おう、そして、それぞれの10年間に自分が見つけた最も不思議なものを持ってくることにしよう。

　一番上の兄は東に行き、ある旅人から世界の隅々まで見える不思議なガラスのコップを買った。このコップから世の中を見渡すと、本当に世界の隅々まで見えるのである。長兄は、他の兄弟がどんなものをもってくるかわからないが、これこそが世界で最も不思議なものに違いないと心の中で確信した。

　二番目の兄は西に行った。そしてある町で絨毯売りに会った。絨毯売りにその絨毯はいくらかと聞くと、不思議なことに指差した絨毯がモソモソと勝手に動き出した。二番目の兄は大変驚いて、絨毯売りにたずねた。

　「何だ、この絨毯の下にネズミでもいるのではないか」

　すると絨毯売りは鼻を膨らませてこう切り返した。

　「とんでもない、この絨毯は生き物です。空高く飛んで行くことができるのです。これに乗ればどこでも鳥より速く飛んで行くことができます。今お買いにならないとすぐ売れてしまいますよ」

　そこで二番目の兄は、この空飛ぶ絨毯こそ世界で最も不思議なものだと思い、大金をはたいてこれを買った。間違いなく他の兄弟よりも抜きん出たに違いないと考えた。

　一番下の弟は南に行った。どんどん南に行くと、不思議な森に出くわした。その森の中へずんずん入って行くと、一本の不思議

なザクロの木が立っていた。何が不思議かというと、そのザクロの木には花はいっぱい付いているのに、実はひとつしかなっていない。しかもその実をとろうと手を差し出すと、手のひらにポタッと落ちてきた。するとまた不思議なことが起こった。咲いていた花のひとつが急に真っ赤な熟れたザクロの実に変わったのである。

「これこそ世界で最も不思議なものだ。この木を持って帰ろう」

そう思ったとたんに、なんとザクロの木はパッと消えてなくなってしまった。はっとして手の中を見ると、ザクロの実は消えずに残っている。一番下の弟は、このザクロの実こそ不思議なものだと確信し、10年後に再会を誓った家に戻ってきた。

3人の兄弟は、それぞれ持って帰ったものを互いに見せ合った。

世界の隅々まで見渡せるガラスのコップを見ると、なんとある国のお姫様が重病でベッドに寝ている姿が映った。かたわらで王様が嘆いている。「誰か治してくれる者はいないか、早く治してくれる者はいないか。どんな医者を頼んでもこの娘は回復しない。早くしないと死んでしまいそうだ」と嘆いている。

これを聞いた3兄弟は、急いで行こうと、魔法の絨毯に乗ってお姫様の元に飛んで行った。そして一番下の弟が、これを食べればお姫様の病気がきっと良くなるに違いないと、ザクロの実を半分に割ってお姫様に差し出した。一口、二口、お姫様が食べると、顔に精気が戻り、それまで歩くこともできなかったお姫様が力強く立ち上がることができた。

王様は感激し、3兄弟にこう申し渡した。

「お前たち3人のおかげで姫が重病から回復した。3人の兄弟の誰でも、姫と結婚してよい。3人で話し合って誰が結婚するか決めなさい」

すると、姫が「私に質問させてください」と割って入った。

まず一番上の兄に姫が聞いた。

姫─「あなたは、世界の隅々が見渡せるガラスのコップで私の重病を発見してくださいました。その望遠鏡のようなコップは今でも元のままですか？」
一番上の兄─「はい、全く元のままです」
姫─「二番目のお兄様、あなたは魔法の絨毯に乗って私のところにいち早く駆けつけてくれましたが、その絨毯は今でも空を飛べますか？」
二番目の兄─「はい、全く元のままで何も傷ついていませんし、空を飛べます」
姫─「さて、三番目の弟、あなたは私にザクロの実を食べさせて病気を治してくれました。そのザクロの実は以前と違いますか？」
一番下の弟─「はい、お姫様に半分差し上げましたので、今は半分しかありません」

|問題|
　3人の兄弟のうち、お姫様が結婚相手に選んだのは誰か？

▶「あれも」「これも」は手に入らない

　これもユダヤの母親が家庭で子どもにする話である。子どもに答えを考えさせ、その答えに対して「なぜ？」と問いかけて理由を考えさせる。

　結論からいおう。

　結婚相手に選ばれたのは、一番下の弟である。それは、彼だけが姫のために大切なものを犠牲にしたからである。この説話が伝えるのは、「まず失わなければ、何も得られない」「No pain, no gain.」というユダヤの教えである。

　モーゼがユダヤ人を連れてエジプトを脱出するとき、大きな犠牲を払ってカナンの地を目指した。前出の教えはそのときの教訓でもある。携帯できないすべての財産を捨て、財産も住み慣れた場所も一切合財を捨て、着の身着のままでの脱出だった。そして砂漠の中を40年もさまよった。ユダヤ人として最大の犠牲を払い、約束の地であるカナンへとたどり着いたのだ。

　何も失わずして、成功はない。

　失ったものの大きさに比例して成功がある。

　また、失うタイミングも重要である。何かを得られるとわかっているから捨てるのではない。大切なものを捨てるのが先だとユダヤでは教える。

　一番下の弟がザクロの実の半分を姫に分け与えたのは、そうすれば姫と結婚できると知っていたからではない。姫を助けるために、大切なザクロの実を進んで分け与えた。

　最初に大切なものを捨てることで、道が拓けることを象徴している。

▶「選択」と「集中」を考える

　失って初めて得るものがある。これを実践したのが、Lesson 3 でも紹介したインテルのアンディー・グローブである。
　インテルの今の成功があるのは、主力事業だったメモリー事業から撤退し、CPU事業に軸足を移したからである。
　それとは対照的に、大切なものを捨てられなかったために業績が傾いたり倒産に追い込まれたりする企業もある。写真フィルム業界のリーダー企業だったコダックは、フィルム事業にこだわるあまりデジタル化の波に乗り遅れ、すべてを失って倒産した。

　昔の成功体験や栄光をなかなか捨てられないのは、日本企業にも大いに通じる。かつて世界市場を席巻した日本の家電メーカーも、市場競争が激化する主力事業分野（テレビ、半導体、液晶画面）を見切ることができず、赤字を垂れ流して経営を悪化させた。
　犠牲なくして成功なし、というユダヤの教えは現代のビジネスにも通用するものだ。

　ビジネスだけでなく、人生においてもこの教えはとても重要な意味をもつ。たとえばユダヤの戒律は、食事や日常生活でやってはいけないことを厳しく規定しているが、これは多くの禁止事項を守ることで幸せな人生を手に入れようとしているのである。
　ユダヤ人が人生でやってはいけないとされる5つの禁止事項は、「貪欲」「怠惰」「放蕩」「不摂生」「虚偽」である。現代の日本人には、残念ながらこれらすべてが当てはまるのではないか。
　高級なワインを飲み、豪華な食事を楽しむのは豊かな生活のように見えて、じつは不摂生で健康を害し、寿命を縮めることになる。休日はゴルフや遊びに明け暮れていると、自動的に思考は停止し、脳細胞は退化していくだけである。

ユダヤでは、貧しく質素な食事で十分豊かに過ごせると考える。ホテルで豪華な食事をしなくても、洗濯したての清潔なテーブルクロスと２本のロウソク台、そしてユダヤ人のつくった赤ワインと少しの食事があれば十分である。お金を使って遊びに行かなくても、シナゴーグという貧しく質素な建物でタルムードの勉強をしたり、議論をしていれば豊かな思考が育まれる。

　ユダヤに厳格な食事戒律があるのは、「ユダヤ人が生きている目的はおいしいものを食べるためではない」ということを人々が日々思い知るためである。
　この世に生まれてきた存在意義は食べることにあるのではない。ヘブライ聖書の勉強を通じて、神がこの世にユダヤ民族を遣わしたミッションを十分理解し、その教えに沿って生きることにある。
　そのような人生をまっとうするには、それを阻害する要因となる習慣や考え方は捨てなければならないのだ。

　あなた自身はどうか。
　あなたの幸せを妨げるものを無意識のうちに溜めこんではいないだろうか。
　幸せや成功を手にするには、まずは捨てること。これを意識して毎日を過ごしてみてはどうだろうか。

▪ 三次元的な取捨選択

　思考の仕方という観点でいうと、**重視すべきものとそれ以外のものを選別することが重要**だ。
　それを選別するには、どのように考えればいいか？
　多くの日本人は、優先順位がつけられず、あれもこれもと諦める（捨てる）ことができないように見受けられる。そこで「捨て

るもの」を見極めるための思考のヒントを教えよう。

　日本では「取捨選択」という。
　机の上に全部を並べて捨てるものと残すものを決める、というやり方だ。机の上という平面に並べるから、この日本人のやり方「取捨選択」は二次元的だ。
　これに対し、**ユダヤでは三次元的に「取捨選択」をする**。時間軸を入れるのだ。
　比較すると次の図のとおりである。

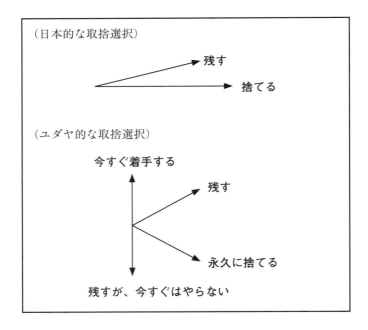

　ユダヤでは、当然「今すぐやるもののみを取り出す」という集中的選択になる。
　一方、日本は二次元的選択だから、あれもこれもと残す分散選

択となる。

　さらにユダヤでは、今すぐやらないで残すものも二分する。選択肢Bと選択肢Cに二分するのだ。
　今すぐやるもの（選択肢A）が失敗した時、選択肢Bにとりかかる。選択肢Bが失敗した時には選択肢Cにとりかかる。そこで失敗したら、それ以上は何もしない。
　選択に時間軸を入れ、今すぐやる選択肢A、次にやる選択肢B、その次にやる選択肢Cと時間軸で順位付けをするというわけだ。なお、選択肢D以下は切り捨てる。

　松下幸之助は「成功するまでやり続ければどんなことでも成功する」といったそうだが、日本人は時間軸を取捨選択に考慮するにしても、時間が長すぎるように思う。
　ユダヤ人なら２年で切るところ、日本人であれば20年は我慢する。これでは、「諦めません。成功するまでは」となってしまう。
　ズルズルと泥沼にはまっていった日中戦争、日米戦争はその例ではないか。当時の日本軍は、撤退撤収を「恥」と捉える世界的にも稀有な人々だったと考えられないだろうか。

Part 2

問題解決力
——戦う力、生き抜く力を身につける

Lesson 6

「なぜ」に
目を向ける
〜本質的な価値に近づく

First Question

トレーニング 18

　次に挙げるふたつのテクノロジーのうち、どちらが革新的だと考えるか。その理由とともに述べよ。

a) 出力した書類をデスクまで届けてくれる、自走式のロボットプリンター
b) 血糖値を涙で測定できる、スマートコンタクトレンズ

■ 革新か、自己満足か

　最近、ニューヨーク在住のユダヤ人との会話で話題にのぼったのが、a) のロボットプリンターである。これは、パソコンから出力指示を行うと、プリンターがデスクまで自走でやってきて、書類を出力してくれるというものだ。日本の某メーカーによって開発されたもので、書類がほかの人の目に触れないことがメリットらしい。

　日本の技術者がこのような技術の開発に血道を上げるのは、出力した書類をデスクまで運んでくれることを便利だと思う日本人がいるからだろう。

　しかし、アメリカをはじめ海外では、そのようなロボットが開発リストにのぼることはまずない。出力した書類は共用プリンターまで取りに行けばいい、と誰もが思うからだ。

　「日本は、日本という特殊なマーケットに向けたテクノロジーの開発には熱心だけど、そのようなテクノロジーに普遍性はない

ね。ただの自己満足だ」とそのユダヤ人はいった。
　日本の技術開発が、「テクノロジーのためのテクノロジー」と揶揄される所以だ。

　一方で、b)のスマートコンタクトレンズは、血糖値測定を"ウエアラブル"にすることで、糖尿病患者の暮らしを助ける技術である。Googleが開発したものだ。
　これまで血糖値を測定するには注射を打つ必要があり、手間がかかるうえに苦痛を伴うこともあった。血糖値測定による体調管理を怠れば、最悪の場合、命の危険にさらされるリスクもある。
　スマートレンズは、こうした苦痛やリスクを軽減する画期的な技術である。コンタクトレンズのセンサーが涙液を常時測定し、血糖値をモニタリングするのだ。
　この本を執筆している2015年2月現在、この技術ライセンスを取得したスイスの製薬会社・ノバルティスが開発と商品化を進めている。実用化されれば、糖尿病患者の生活の質の向上に大きく貢献するはずだ。なくてはならない技術になるだろう。

　ロボットプリンターとスマートレンズ——どちらが人と社会の役に立つ普遍的な技術かは明白である。
　ユダヤ人は、ロボットプリンターのように自己満足に陥りがちな技術開発にエネルギーを割くよりも、人々の暮らしにインパクトを与えるような革新的な技術開発にエネルギーを費やしたいと考えるのだ。

■人々の暮らしにインパクトを与える技術革新を

　その例がReWalkというイスラエルが開発したロボットだ。
　ロボットというと世界の最先端を走るHondaのASIMOが広く

知られているが、今のところASIMOが人の役に立つ事業に実用化されたという話は聞かない。ASIMOが寝たきり患者の床ずれ防止のための体位変換作業をできるだろうか？　気管切開口からチューブを入れて痰を吸引できるだろうか？　ASIMOが摘便をできるだろうか？　ASIMOは、ReWalkのように、アメリカFDA（アメリカの厚生省）の治療器具の認可を受けてもいなければ、下肢麻痺患者の歩行支援ロボットとしてFDA（アメリカ食品医薬品局）や日本の厚生労働省の認可も受けていない。

　人工知能という観点でいえば、ReWalkはASIMOに比べ、ロボットとしてはるかに劣っている。しかし、下肢麻痺患者がこれで車椅子から一日中解放されるという恩恵を現実にもたらしている。

　そもそもASIMOは、ロボットとして人間に近づくという開発目標で日々進化しているが、どうも「技術のための技術」のような気がしてならない。これに対しReWalkは、最初から車椅子患者の歩行支援ロボットという目的限定で開発されている。

　事業としても単純明快で、既にNASDAQに上場されている。開発コンセプトは「車椅子からの解放」の一点に絞られているのだ。

「根源的な価値」を追求するユダヤ人

　ユダヤ人が根源的で普遍的な価値を重視するのも、普段からの思考の習慣によるものではないかと私は思う。

　たとえば、ユダヤの食事規定「コーシャー」では、ユダヤ人が食べていいものと食べてはいけないものを細かく定めているが、「○○は食べてはいけない」と聖書に書かれていることについても、ユダヤ人は「なぜか？」と考えているのだ。

　口にするのを禁じられているのは、豚肉、エビ、カキ、タコ、イカなど多岐にわたる。また、ひとくちに牛肉といっても、と殺

方法が細かく定められるなど、細かな条件もある。

ただし、ユダヤ人が食事規定を守らなければならない理由は明記されてない。食べてよいものと、食べてはいけないものの一覧が示されているだけだ。

世界的にみれば、近年、規定に則した「コーシャー・フード」が飛行機の機内食として提供されるなど市民権を得てきた。しかし、ユダヤ人の数が少なく、コーシャー・フードもほとんど提供されない日本では、食べられるものが限られてしまい、食事の戒律を守るのは大変だ。それでも私を含めて敬虔なユダヤ人は、それらの決まりごとを守っている。

ただし、私たちは盲目的に戒律を守っているわけではない。
「極楽浄土に行きたいなら、念仏を唱えなさい」といわれて、何の疑いももたずに念仏を唱える人もいるだろう。

しかし、ユダヤ人は違う。
「なぜ『貝、カキ、エビ、イカ、タコ、シャコ、ナマコ、フカヒレ、スッポン、鹿肉、イノシシ、熊を食べてはいけない』と聖書に書かれているのか」を考えるのだ。

ユダヤ思考の本質は「なぜ？」にある

ユダヤ人は、思考はするが、その結果がどうであれ戒律に従わないということにはならない。ユダヤ人にとっては、ヘブライ聖書に書かれたことは絶対なのだ。

では、何のために考え、議論するのだろうか——そう疑問に思うかもしれない。

「答えありきの議論は面白いのか？」と、ある日本人が私にたずねたことがある。

私は、「面白いね」と答えた。
　その人は続けてこう聞いた。
「答えありきの議論をして、ユダヤ人はいったい何を求めているのか？」

　ユダヤ人が求めているのは、議論そのものである。
　これは私のユダヤ教の先生であるラバイの教えでもあるが、ユダヤ教の本質は「なぜ？」と問いかけることである。**あらゆることに疑問をもち、「なぜ？」と投げかける**ことが、ユダヤ教ではとても重要視されている。
　つまり、こういうことだ。
「神は存在する。何の疑問ももたずに信じていればいい」と闇雲に信じ込む人は、「神」という存在をほんとうに理解することはできないと考えられている。「なぜ？」と問い続けなければ、「神」という存在に近づくことはできない。
　盲信者や狂信者はユダヤ教徒にはなれないのだ。

「なぜ？」が根源的な価値へと導く

　たとえば、神がアダムとイブをつくられたとき、「神に似せてつくられた」とヘブライ聖書には書いてある。
　ユダヤ人は、「なぜ？」と問いかける。
　なぜ神は、自分に似せて人間をつくられたのか？
　さらに議論は続く。犬は神に似せてつくられていないとすれば、犬は神からみてどういう存在なのか？　人間とはどう違うのか？　自分に似せてつくられた人間に、神は何を期待しておられるのか？　人間は神のどこに似ているのか？　人間のどこが神に似ているのか？
　自分たちが神に似せられてつくられたことの意味を知り、**自分**

たちの存在意義を確かめるために議論するのである。

なお、この議論におけるタルムードでの有力な説はこうだ。
「神が自分に似せて人間をつくったのは、人間に神の意志を体現するよう託されたからである」
もしそうなら、人はどのように生きるべきか——人間が神の意志を体現するには、我々人間はまず、普遍的な道徳を学ばなければならないだろう。
ユダヤ人はこうやって道徳というものを考えるようになったのだ。

普遍的な道徳とは何か？　それは、たとえば日本人の道徳とどう違うのか？　道徳と倫理はどう違うのか？　道徳は誰が定めるのか？　人が定めるのか、神が定めるのか？　道徳は人が定めるとするなら、国会が決めるのか、政府が決めるのか？　国会や政府が道徳を決めたとして、それが神の定める道徳と違う場合、どちらを守らなければならないのか？

神はまた、人間を容赦なく焼き殺したりする。
日本人は神に慈悲深いイメージを抱くかもしれないが、ユダヤの神は慈悲深いばかりではない。創世記の時代、神は悪人で満ちたソドムとゴモラの町を炎で焼き尽くし、数万人を死滅させたと書かれている。ノアの方舟では、神の怒りで大洪水が起き、数万人が溺死した。
これはつまり、「神の教えに従わない人間は容赦なく殺される」という神のメッセージである。これほど苛烈な神とは、いったいどういう存在なのか。神の残虐性を表面的に捉えるだけでは、神の真意を伺い知ることはできない。
そこでユダヤ人は考えた。

なぜ神は、教えに従わない人間を焼き殺すのか？　それに対するひとつの説が、「人間は神がつくったものだから、命を助けるも絶つも神の意向次第」という考え方だ。人の生殺与奪を握っているは神である。神の前では人命に重さなどないに等しいというわけだ。
　一方で、こうもいえる。
　誰を殺して誰を生かすかは、神のみが決めることである。そうであれば、人間同士が互いの命の重さを計ることなどできない。つまり、人間が勝手に「Aの命は重いが、Bの命は軽い」などと決めてはいけないのだ。
　したがってユダヤでは人を殺してはならないし、自殺も許されない。ユダヤで自殺が罪とされてきたのはこのような背景がある。
　では、人が人を殺すことは絶対に許されないとして、死刑は許されないのか、自己防衛のために攻撃者を殺すことは許されるのか、不治の病に冒された人の安楽死は許されるのか、母体に危険がある時の堕胎は許されるのか？

　このようにユダヤ人は、人間には計り知れない神の行い──その多くは自然現象であり、ときに超常現象であり、ユダヤ人が置かれた過酷な境遇である──に「なぜ？」と問いかけることで、「人間とは何か」「人間が生きる意味は何か」「この世とは何か」に考えを巡らせてきた。
　「なぜ？」という問いかけの習慣が、本質的で根源的な価値に目を向けるユダヤ人気質を生み出したといえる。

　では、実際にユダヤ人はどのような疑問を抱き、その存在を理解しようとしたのか。
　Lesson２で紹介したヘブライ聖書の議論の続きを再現してみよう。思考の流れをのぞいてみて欲しい。

Practice——光ある世界と、暗黒の世界
（ヘブライ聖書「創世記」冒頭部分より）

トレーニング 19

1 : 3 And the God said, Let there be light: and there was light.
1 : 4 And God, looking on the light, saw that it was good: and God made a division between the light and the dark,
1 : 5 Naming the light, Day, and the dark, Night. And there was evening and there was morning, the first day.

（神が、「明るくあれよ」といわれると、光明が差し込み明るい部分ができた。神は光を見てよしとされた。神は光明と暗黒を分け、神は光明を日中と呼び、暗黒を闇夜と呼ばれた。こうして夜があり、朝が巡ってきた。天地創造の第１日がかくして終わった。）

|問題|

1：4のとおり、神は、光明と暗黒を分けられた。なぜ分けられたのか？

Lesson 6 「なぜ」に目を向ける〜本質的な価値に近づく

▸「なぜ」を徹底的に掘り下げる

「光明」と「暗黒」は、神がつくろうとした世界を理解するうえで重要なキーワードだ。光明と暗黒が象徴するものは何かを意識しながら、この問いにどう答えるかを考えてみてほしい。

ヘブライ聖書の物語はすべてMetaphor（比喩）である。何かを、その物語に託していわんとしているのだ。

神はなぜ、光明と暗黒を区別したのか？

考えようによっては、光明と暗黒を区別せずに混ぜ合わせ、月明かりほどの薄暗い世界をつくってもよかったのではないか。division（分離）ではなく、mixture（混合物）にすることもできたはずだ。

——これはタルムードでも大きな議論になっている。

考えられる理由は、光明と暗黒は完全に分けられるもの、つまり対立するものとして捉えられていたからである。光明と暗黒は対立するものだから、神は区別したのだ。

では、光明と暗黒が象徴する「対立するもの」とは何なのか？

タルムードでは次のような説が有力である。「light」とはつまり、「right」である。善や正義の象徴というわけだ。一方で、「dark」が意味するのは悪である。

善と悪。正義と不正義。慈悲と残忍。ふたつは決して相容れない性質のものである。だから区別してつくられたというわけだ。

神はなぜ光と暗黒を区別したのか。

この問いから、ひとつの考察を得ることができる。神は光と暗黒をつくるとともに善と悪、正義と不正義、慈悲と残忍をつくったのだ。神がつくろうとした世界を理解するはじめの一歩である。

さらに続きを見ていこう。

1:4 And God, looking on the light, saw that it was good: and God made a division between the light and the dark,
(神は光を見てよしとされた。神は光明と暗黒を分けた。)

　神は「light＝善」に向かっては、「it was good」といっているが、「dark＝悪」については「it was good」とはいっていない。つまり、神は悪の存在を認めていないことになる。
　なぜ、悪の存在を残したのか。神は、悪の存在を認めていないと考えられる。それなのに悪の存在をこの世に残し、善だけの世界をつくらなかったのは、矛盾ではないだろうか。

　タルムードの有力な一説には、「善ばかりの世界に人間を置くと何が悪かがわからなくなる。人間に『善とは何か』を教えるために、あえて悪を残した」とある。
　ここで、第三節から第四節を注意深く読んでいくと、ある疑問が湧いてくる。

1:3 And the God said, Let there be light: and there was light.
1:4 And God, looking on the light, saw that it was good: and God made a division between the light and the dark,

(神が、「明るくあれよ」といわれると、光明が差し込み明るい部分ができた。神は光を見てよしとされた。神は光明と暗黒を

Lesson 6　「なぜ」に目を向ける〜本質的な価値に近づく

分けた。)

　神は、「Let there be light（明るくあれよ）」と言葉を発して光を生んだが、「Let there be darkness（暗くあれよ）」とはいっていない。つまり、意図的に暗黒を生んではいないと考えられる。

　では、暗黒はどのようにして生まれたのか。
　これについてタルムードでは、「神が光をつくったとき、光の当たっていない部分に暗黒が生まれた」という説がある。つまり、暗黒とは、光が当たっていない場所に自然に生まれたというのだ。光があるから暗黒がある。また逆に、暗黒があるから光がある。光と暗黒はふたつそろってひとつなのだ。
　同様に、善と悪、正義と不正義、慈悲と無慈悲もそれぞれ一対を成している。神は、対を成すたくさんのものをパッチワークのように組み合わせてこの世をつくった。それが人間にとってよいかどうかはわからないが、とにかく神はそのようにつくったのだ。
　これらの議論からわかることは、神はこの世に「善」と「悪」を一対のものとしてつくったということ。
　神は悪の存在を認めてはいないが、悪を残したのには何らかの必然性があったのだ。私たちはまた一歩、神がつくろうとした世界の理解へと近づいたことになる。

　1:5は、神が一日目をつくった場面である。

1:5 Naming the light, Day, and the dark, Night. And there was evening and there was morning, the first day.
(*神は光明を日中と呼び、暗黒を闇夜と呼ばれた。こうして夜があり、朝が巡ってきた。天地創造の第1日がかくして終わった。*)

　光と暗黒をそれぞれ「昼」と「夜」と呼び、一日目をつくった。つまり、一日のなかに「光ある世界」と「暗黒の世界」を同居させたのである。それはなぜだろうか。

　光と暗黒を完全に区別するなら、「光ある一日」と「暗黒の一日」のように別々の日とすることもできる。あるいは1年365日のうち光ある世界を183日、暗黒の世界を182日つくってもよかったはずだ。

　神はなぜ、そうしなかったのか。

　これは、善と悪の関係をどう捉えるかという問題にもつながっていく。「ノアの方舟」の物語でもこの辺の疑問が提示されているので、そちらを見てみることにしよう。

Practice——ノアの方舟の真実の話

トレーニング 20

　神が怒ってこの地上に大洪水を起こされた時、ノアの方舟にだけは男と女、そして動物もオスとメスひとつがいずつを乗せられた。
　最後に「善」が方舟に乗ろうとしてやってきたが、神は「カップルでしか乗せない」といわれ「善」の乗船は拒否された。
　そこで「善」はもうひとりの「善」を連れてきたが、神は「善と善はカップルではない」といわれ、再び乗船を拒否された。
　やむなく「善」は、大嫌いな「悪」と手をつないでやってきたところ、神は「よし」と乗船を許した。

[問題]
神は「善」と「悪」の関係はどうあるものだと教えていると考えるか。

■「なぜ」を考え尽くした先に見えるもの

　ノアの方舟に乗ることができたのは、カップルだけだった。
　そこで善と悪が、苦と楽が、薬と毒が、福と禍が、富と貧が、カップルで乗ってきた。矛盾するふたつが別々に存在するのではなく、つねに一緒にいるという世の中のあり様が表現されている。
　さて、一度、善は乗船を断られたが、悪を連れてやってきたことで方舟に乗ることができた。ここで重要なのは、善が悪と手をつないでやってきたことである。
　善と悪の両方がこの世に存在するだけでは十分とはいえない。**善と悪は手をつないだ状態で存在している**。つまり、**表裏一体の密接な関係にある**ということだ。
　善と悪は別々のものでありながら、同居している。人間でいえば、ひとりの人間のなかに、善人の顔と、悪人の顔の両方が存在する。善人と悪人が別々だと考えてはいけない。これが、神がつくったこの世界の姿なのだ。
　そして、神がこの世に善と悪をつくった結果、善人の顔と悪人の顔を使い分け、自分の都合のいいように物事を進め、自分の利益だけを追求しようとする輩が現れた。

　なお、こうした世の中のあり様をあまり理解していないと、国際政治においても、大いに損することになる。
　たとえば、アメリカはさまざまな物事に関しての基準を設定し、「これがグローバルなスタンダードだ」と世界中に普及しようとすることがある。マネー・ロンダリング規制や銀行の規制、国際バンキングの規制、証券取引法の規制、会計基準などがその一例ではないか。
　これらの「グローバル・スタンダード」は、アメリカが「善人の顔」で喋っているという疑いをもつこともできるのではないか。

しかし、多くの日本人はそれを「善人のアメリカ人」がいっているものとして全面的に受け入れてしまい、同じアメリカが「悪魔の顔」をもつとは考えてもいないのではないか。

他国にルールへの参加を突きつける裏で、実は自国の利益となるよう抜け道を用意しているとは想像もしないのではないか。

国際政治においても同様である。

日本までもが、疑うことなく「ISISは残虐だ」とアメリカと口裏をあわせていっていると、アメリカの変容についていけなくなるかもしれない。ある日、突然、アメリカが別の国と結びついて「日本人は残虐だ」といってくる可能性だってあるのである。

話を元に戻そう。これをふまえて、神が善と悪をつくったのはなぜかをさらに掘り下げて考えていく。

神の意図を知るヒントは、「エデンの園」の物語にある。

エデンの園では、アダムとイブが禁断の木の実を食べてから、善悪の区別ができるようになった。つまり神は、善悪の区別ができる人間を、善と悪が共存する世界に住まわせ、選択の自由を与えたのである。善を選ぶ自由もあれば、悪を選ぶ自由もある。悪を選べば当然、神の期待に背くことになる。神に背く自由も人間に与えたのである。

善だけの世界をつくっておけば非常にシンプルなのに、なぜわざわざ悪のある世界をつくり、「どちらを選ぶのも人間の自由」と突き放した立場をとるのか。

ヘブライ聖書はこう教えているのではないだろうか。

もし、善ばかりの世の中だったら、人間は誰もが品行方正で、浮気をする人などいない。浮気そのものが存在しないのである。

浮気する自由があれば、悪魔のささやきが聞こえてきて、人の心のなかには葛藤が生まれる。葛藤に打ち勝って最終的には浮気しないことを選ぶ。浮気する自由がありながら、浮気しないから、

「あの人は立派だ」という評価になるのだ。

あるいは、暴力団には悪の側面が多いが、阪神淡路大震災のときに炊き出しや救援物資の配布など救援活動を展開する善ももち合わせている。それが現実なのだ。

人間に善と悪を選択する自由を与えながらも、神は人間が善を選ぶことを期待した。善と悪が共存する世界に人間を住まわせながら、神の望む世界を人間がつくっていくことを期待したのである。

明たる善と暗たる悪を区別できる人間を、神は期待しているのである。

「How」ではなく「Why」と問いかける

ここまで見てきたように、「Why=なぜ?」と問いかけることで物事の本質や根源に迫っていくのは、まさにユダヤ的アプローチである。一方で、「How=どのように?」と問いかけるのが科学的アプローチだ。

たとえば、「ビッグバンはどのようにして起きたのか?」を解明しようとするのは科学であり、「ビッグバンはなぜ起きたのか?」を紐解くのが宗教である。

本章の冒頭で述べたロボットプリンターとスマートレンズの話に戻ると、「どのように?」を突きつめて考えた結果生まれたのが、**ロボットプリンター**である。プリンターを利用する人の利便性を必要以上に追求し、それを実現するためだけのロボットである。あれば便利かもしれないが、別になくても困らない。

一方で、「なぜ?」という問いかけから開発されたのが、スマ

ートレンズではないか。血糖値測定には血液が必要な現状を鑑みて、「なぜ血液でなければならないのか？」「血液のほかに血糖値を測る方法はないのか？」「もっと楽に血糖値が測れる方法はないのか？」を考えた技術者がいたのではないだろうか。

「なぜ？」と問うことで、糖尿病患者が真に必要としているものに気づき、彼らの生活に欠かせなくなるであろう技術の開発につながったと考えられる。

本質的な価値に気づくためには、普段から「なぜ？」と問いかける習慣が有効である。日本人はどちらかといえば「どのように？」と問う科学的アプローチが得意のようだが、「なぜ？」を意識するとよい。

たとえば、「1日3食はなぜ健康にいいのか？」「なぜ癌には化学治療が必要か？」「なぜ骨粗しょう症の予防に牛乳を飲むのがいいのか？」など、**誰もが疑わない常識や身近なことに対して、「なぜ？」と問いかけるのである。**すると、**物事の表面からだけでは伺い知れない本質が見えてくるだろう。**

「Why」思考が本質へと導く

「なぜ？」と問うユダヤ思考は、あらゆる分野や領域で応用が効く。

たとえば私が生業とする法律の世界でいえば、日本の国会が成立させた法律はざっと数万本を超える。それらの法律をすべて理解し、覚えるよりも、「なぜ法律が存在するのか？」「法の目指す正義とは何か？」などの法哲学を勉強するほうが実践的な弁護士になれるのは間違いない。つまり、法哲学を勉強した弁護士のほうが、数万本の法律を必死に勉強した弁護士よりも、優れた準備書面や最終弁論ができるのだ。

それは、法哲学を学ぶことで、法律の本質をつかめるからである。
　本質は時間が経過しても変わらない。一方で、数万本の法律の内容は日に日に変わっていく。現に国会では頻繁に法改正が行われており、それら一つひとつをキャッチアップするだけでも大変な労力が必要である。
　大切なことは、本質をつかむこと。法律の本質を学べば、日本一の弁護士になることも夢ではない。

　ビジネススクールでも考え方は同じである。
　人にモノを売りたいなら、「人はなぜモノを買うのか？」を考えればよい。すると、**必然的に「人間とは何か」という本質論にたどり着く**。
　しかし、現実にビジネススクールで教えられていることは、「いかにして人間にモノを売るか」というハウツーであり、科学であり、「人間とは何か」という本質論、たとえば文化人類学的なアプローチは教えられていない。
　人間についてよく理解しなければ、本来モノは売れないはずである。
　アメリカ、イギリスでは戦争にすら文化人類学的なアプローチを欠かさないといわれている。たとえば、イギリスのロンドンにある有名なSOAS（ロンドン大学東洋アフリカ研究学院）はそのメッカだ。興味をもった読者は、調べてみるといい。

Part 3

イノベーション思考
――未来を切り拓く力

Lesson
7

別の次元から物事を見る
～発想を逆転させる

First Question

トレーニング 21

　リンゴの木からがリンゴが落ちた。この状況を見て、あなたは何を思うか？

▪ ニュートン、コペルニクス的発想のさらに先へ

　リンゴが木から落ちるのを見て、「なぜリンゴは落ちるのか？」と考えたのはイギリス人（ニュートン）。リンゴが木から落ちるのを見て秋の寂しさを感じ、この世の無常や命のはかなさを連想するのは日本人。
　ユダヤ人なら、きっとこう考えるはずだ。
「なぜリンゴは天空に吸い上げられずに地球のほうに動くのだ？」
　発想が逆転しているのである。

　もうひとつ例を挙げよう。太陽が東から昇り西へ沈んでいくのを見て、「太陽が天空を動いて見えるのはなぜか？」と考えるのはコペルニクス的発想。
　ユダヤ人なら、「太陽と地球の動きは銀河系からはどう見えるのか？」と考えるだろう。

　ユダヤ人は、つねに人とは別の角度、別の立場から物事を見ている。その意味では、日本人もよく「多面的に物事を考えなくてはいけない」というが、日本人のいう「多面的」な見方と、ユダヤ的な思考での物の見方とは根本的に違う。どこが違うかわかる

だろうか。

　日本人のいう「多面的」とは、同じものを違う角度から見ることだ。たとえば、コップを上から見れば円であり、側面から見れば四角だと認識する。つまり、見る自分がさまざまな位置に動くだけで、自分の側から物事を見ていることに変わりない。

　では、**自分が見ている対象から逆に自分を見てみる**とどうか。つまり、コップから自分を眺めてみる。**主客逆転**である。コペルニクスの発想がまさにこれで、地球中心ではなく太陽中心で考えたのが地動説だ。

　それに比べて、ユダヤ人はもっと別次元から物事を見ている。**自分からでも相手からでもなく、異次元に自分を置き、そこから自分と相手を見るのだ。**異次元に自分を置くことで、自分や相手が存在する次元での常識や社会のルール、固定概念から解放されて発想が自由になる。ここから逆転の発想が生まれるのである。

　ユダヤ的発想に特有な異次元の視点については、このあとタルムードと一緒に詳しく見ていくことにする。

逆転の発想が生み出した数々のイノベーション

　逆転の発想を武器に、ユダヤ人はさまざまなイノベーションを生み出してきた。

　たとえば、これからのクルマ社会を担う主役の筆頭に挙げられる電気自動車。ただ、充電時間が長いわりに走行距離が短く、高価な充電池がクルマ自体の価格を押し上げているため、なかなか普及していないのが現状だ。日本人的発想で考えるなら、さらなる普及のためには「充電時間をいかに短くし、走行距離を伸ばすか」が焦点となるだろう。つまり、電池性能の改良にエネルギーが費やされるわけだ。

　ところが、ユダヤ人の発想はまったく違う。充電時間は長いも

のという前提で、どうするかを考えるのだ。

　イスラエルのベンチャー企業が考えたのが、充電された電池を電池ごと交換するという方法である。電池交換スタンドを設置し、自動車は電気を使い切った電池を取り外し、充電済みの新しい電池と交換するのだ。交換するだけだから、わずか30秒ですむ。

　従来、電池は車体の一部だった。その電池を取り外し可能にし、社会全体で共同利用＝使い回しできるようすることで、電気自動車の本体価格を買いやすい価格に抑えることができるという。消費者は充電された内容物＝充電済電池に対してお金を払うというシステムだ。

　まさに逆転の発想である。

　もうひとつ紹介するのは、ポケットに入れて持ち運べるポケットプリンターである。紙の上に置くだけで、プリンターが紙の上を動いて印刷する。紙さえあれば場所を選ばずどこでも印刷でき、プリンター自体が動くためどんなサイズの紙にも印刷できる。

　これもイスラエルのスタートアップ企業が開発した。

　プリンターはある程度の大きさがあり、オフィスに据え置かれるのがふつうだった。そのプリンターを手のひらサイズのモバイルにして、オフィスの外へと持ち出した。小さなプリンターで大きな紙を印刷するには、プリンター自体を紙の上で動かせばいい。

　これも逆転の発想だ。

電気自動車とはこういうもの、プリンターとはこういうもの、という凝り固まった常識や既成概念にとらわれない、自由な発想が生み出したイノベーションである。ユダヤ人はこうした自由で柔軟な発想力を、どのようにして身につけたのだろうか。

▶「活路」を見出すためには思考するしかない

　ユダヤ人は、超常現象としか呼べない物語に満ちたヘブライ聖書をつねに読み、その内容について何の比喩かと議論する習慣があることはすでに述べた。

　そのため**思考の枠を外して自由に発想する**ことが得意だ。これが理由のひとつと考えられる。

　日本人は、このMetaphor（比喩）が極めて不得意だ。日本人は現象を情緒的に捉えるからだ。

　次の事例で試してみよう。

Practice——子牛とイタチ

トレーニング22

と殺場から逃げ出してきて人家に来て命乞いをしている雌子牛と、たまたま森の中から人家の窓に間違って飛び込んできた大人の雄イタチがいる。

[問題]
どちらを助けるべきか？
このタルムードの議論は何の比喩か？
理由を示して解答せよ。

抽象化して考えるヒント

考えるにあたって次のヒントを参考にしてほしい。

ヒント1

「かわいそう」という感情で判断してはいけない。他の人が見ていたら何といわれるか、という世間の目で決めてもいけない。この比喩は人の情緒、感情、社会の人々の世間体というものからユダヤ人の思考を解き放つためによく使われる。

ヒント2

イタチを蠅にかえて考えよ。答えは変わるだろうか?

ヒント3

子牛とイタチは何の喩えか?
子牛とイタチを抽象化するとそれぞれ何の上位概念と捉えられるか? どこからきたかを考えるとわかりやすい。

ヒント4

助ける理由を考えてみてほしい。するとわかりやすいだろう。

あとふたつ、よく引用される喩えを紹介しよう。

エジプト軍がモーゼに連れられたユダヤ人を紅海の海岸に追い詰めた時に奇跡が起こって海が分かれた。
この「海が分かれる」という現象は何の喩えか?

ユダヤ教の3000年にわたる食事戒律に乳製品と肉とを一緒に食べてはいけないという規定がある(出エジプト記の23章19節、34

章26節、申命記の14章21節)。

したがって、ステーキを食べる時にパンにバターを付けて一緒に食べてはいけない。バターは乳製品だからだ。

では、マーガリンはどうだろうか?

マーガリンがフランスで発明された1869年以来、ユダヤ人はこの問題を真剣に議論しており、本にも書かれるほどだ。

「肉料理と一緒にマーガリンを食べること」は何の喩えか? その理由を考えてみてほしい。

考えつくすことで活路を見出す

こうした思考力を鍛える土壌のひとつが、数千年に及ぶユダヤ人迫害の歴史である。

国土をもたないユダヤ人は、さまざまな国で人々の偏見にさらされ、職業を制限されるなどの差別を受け、いわれなき罪に問われて迫害されてきた。20世紀には、ヒトラーとナチス・ドイツによるホロコーストで600万人ものユダヤ人が虐殺されたのは周知のとおりである。

この世のあらゆる出来事には神の意志が介在すると考えるユダヤ人は、偶然や奇蹟、そして不幸や災難さえも必然の出来事と捉えようとする。神がヒトラーをお創りになったのはいかなるお考えからか、と考える。

人知を尽くして回避しようとしても、不幸や災難は起こり得る。どんなに辛く過酷な運命に遭遇しても、絶対絶命の窮地に陥っても、これらの苦難を避けるのではなく、「**どうすれば生き延びることができるか**」を必死に考えてきた。

ユダヤ人は、いつの時代も決してあきらめず活路を見出そうと努力してきたのだ。

もし、ノアの方舟が遭遇したような大洪水が現代の地球を襲ったらどうなるか。これをネタにしたジョークがある。

　日本人は「**来世で会いましょう**」と仏に祈り、ドイツ人は「**どうすれば国民すべての墓を効率よく掘ることができるか**」を心配し、イタリア人は「**墓のデザインをどうしようか**」と思い悩む。そしてユダヤ人は、「**なんとかして生き延びよう**」と方策を考える。

　極限状態に陥ってもなお、未来をあきらめず生き延びようとしてきた。その不屈の精神が、起死回生につながる逆転の発想を生み出してきたのである。

▶ 困難・制約が思考を柔軟にする

　世界でもっとも平和で豊かな国のひとつが、日本だ。

　日常的に身の危険を感じたり、九死に一生を得るような場面に出会うことはまずない。部屋の温度はいつも快適で、食べ物にも着る物にも不自由しない。平穏な生活が当たり前のようにある。

　そのような環境に慣れ切った日本人が、思考力を退化させ、発想の柔軟性を失ってきたのは無理もないだろう。**追いつめられながらも必死に活路を見出そうとする経験がなければ、逆転の発想は生まれない**からだ。

　現代のイスラエルに住むユダヤ人も、生活の豊かさの点では日本人と同じだ。しかし、ユダヤ人には疑似体験がある。

　ヘブライ聖書とタルムードは、古来からユダヤ人が不幸や災難を生き延びてきた知恵の宝庫だ。

　これらを日々勉強し議論することで、現代ユダヤ人は祖先が遭遇してきた悲劇や困難を追体験し、それらを切り抜けるための思考力を鍛錬しているのだ。

　もうひとつ、ユダヤ人の思考に大きな影響を与えているのが、

Lesson 7　別の次元から物事を見る～発想を逆転させる　　**161**

ユダヤの宗教戒律である。ユダヤには食事規定をはじめ日々の暮らしで守らなければならない戒律がいくつも存在する。食べてはいけないものがふつうの人の何倍もあるうえに、やってはいけないこと、やらなくてはならないこともふつうの人の何倍もある。

戒律はいわば生活から自由や快適さを奪う足かせのようなものだ。

もちろんユダヤ人には戒律を守らない自由があり、破っても罰せられることはない。それでもユダヤ人は、自分たちの自由意思に基づき戒律に従おうとする。

そして、**制約を受け入れながらどうやってビジネスを成功させ、利益を拡大し、その利益を社会に還元させていくかを考えるのだ**。これが頭を柔軟にするための格好の鍛錬になってきたのは間違いない。

制約から生まれたビジネスモデル

戒律があったからこそ生まれたビジネスモデルもたくさんある。

たとえば安息日。安息日には絶対に仕事をしてはならないというのがユダヤの戒律だ。

しかし、休みなく稼働しなければ競合に客に奪われてしまう場合はどうするのか。そこで生まれたのが、労働者派遣のビジネスモデルである。たとえば、ユダヤ人が経営するホテルでは、いつでも客を迎えられるように、安息日には異教徒の人間を働かせてきた。

安息日に金利をとってもいいのか、という議論から生まれたのが日割り利息の概念である。利息が年単位や月単位の場合、安息日にも金利をとることになり、戒律に違反する（ユダヤ教では基本的に利子の徴収は禁じられているが、異教徒から利子をとることは例外として認められていた）。そこで日割り計算にして、安息日には利息をとらなければいいと考えたのだ。

日本で一般的となっている日割り計算での利息は、古代ユダヤ人が編み出し、西洋世界を通じて日本に渡ってきたものだった。
　こうして見てみると、宗教戒律による制約の多さが、ユダヤ人の思考の柔軟性を高めてきたことがよくわかる。

　そういう意味では、自らの思考にわざと制約を課すことで、思考の柔軟性を高めることもできるかもしれない。

　戒律だらけの日常生活を送り、祈りを１日３回もし、しかも絶対仕事禁止の２日間（金曜日の夕方から土曜日丸一日）があるユダヤ人は一体いつ仕事をするのか？
　必然的に効率を追求し、コンピューター化、IT化、クラウド化は不可欠となり、どうしても人手に頼らざるを得ないコールセンター、テクニカルサポート、バックオフィスなどはすべての仕事を異教徒に請け負わせることになる。異教徒の多いフィリピン（カトリック教徒）やインド（ヒンズー教徒）にオフィス業務を丸ごと委託することが多いのはそのためだ。
　戒律（制約）が効率を生むのだ。
　かくしてユダヤ人は最も頭を使うスタートアップ、企画立案、経営戦略に特化できるようになる。
　ユダヤ人の食事、コーシャーの戒律もその厳しさ故にコーシャー＝Organic（オーガニック）＋Safe（安全）と一般に考えられているため、食品会社からのコーシャー認定依頼がラバイのもとに殺到している。かくして認定料がラバイの重要な収入源になっているのだ。
　戒律（制約）が収入を生むのだ。

Practice——安息日か、それとも就職か

トレーニング23

　ユダヤ人の青年が大学を卒業した。しかし、世の中は不況の真っただ中で、なかなか就職先が見つからない。就職活動を始めて4カ月が過ぎ、1000社に応募してようやく1社からオファーがきた。製薬会社の研究職である。青年の学費として4年間で1200万円もつぎ込んだ両親は、採用通知を見てことのほか喜んだ。
　ところが、である。勤務条件に土曜出勤が含まれていたのだ。土曜日はユダヤ人の安息日であり、仕事をしてはいけないのが決まりだ。

問題
　あなたがこのユダヤ人青年だったら、就職するか、それともオファーを辞退するか？

▶「二兎を追う」にはどうするか？

　ユダヤ人にとって、安息日は絶対である。安息日に仕事をするということは、ユダヤ人であることを放棄することにも等しい。一方で、就職難のなか1000社にも及ぶ企業に応募して、やっと手に入れたオファーである。これを断れば就職は絶望的になるばかりか、1200万円もの学費を出してくれた両親に申し訳が立たない。

　会社に事情を説明して理解してもらえばいいと考える読者もいるかもしれない。交渉を試みるのはいいが、それでも受け入れられなかったらどうするか。

　ユダヤ人であることをとるのか、それとも就職をとるのか。相反する制約条件に挟まれ、八方塞がりとはこのことだろう。

　これはユダヤ人学生がラバイに相談した実際の内容である。ユダヤ人のソーシャル・ネットワークで拡散され話題になった。「私はどうすればいいでしょうか」と問う学生に対して、ラバイは「ああしなさい」「こうしなさい」と答えを出すことはしない。学生はラバイとの議論を通して、この極限状態を切り抜けるために必死で頭を働かせるのだ。

　このユダヤ人学生が出した答えは、とりあえずこの仕事に就きながら、並行して安息日に休める仕事を一刻も早く見つけ、見つかり次第転職するというものだった。ユダヤ人であることも就職も、どちらもあきらめない。一時的にはユダヤの掟に反するかもしれないが、時間が経って経済状況が上向けば、別の仕事が見つかるかもしれない。学生はそこに活路を見出したのだ。

▶思考の「時間軸」を変える

　近視眼的に見れば対立したり、不利に見えたりする事柄も、違う次元から見れば違って見える。そのひとつが長い目で物事を見

ることである。

　長期的な視点は、誰でも意識して実践しやすいのではないだろうか。

　現状はこうだが、１年後、２年後、さらに10年後や20年後、50年後、100年後はどうかと考えてみる。そこから現状をふり返ってみると、現状の捉え方が変わるものだ。

　仕事で抱えているトラブルも１カ月後には解決しているだろうし、仲の悪い上司も何年か後の異動でいなくなっているはずだ。あるいは自分が勤める会社ですら、M&Aによって何年か後には姿を消しているかもしれない。そのとき自分はどうしているだろうかと考えてみる。

　時代が変われば常識も社会のしくみも変わる。

　現状がこの先もずっと続くわけではないと知るだけでも、現状の捉え方が変わり、いま何をどうすべきなのか柔軟に考えられるだろう。

　この点イギリスの生き方は参考になる。

　イギリスはアラブ諸国ともイスラエルともうまく付き合っている。チャールズ皇太子はモスクにも行くし、シナゴーグにも顔を出す。両方の行事に顔を出している。ところが日本は、産油国が大切だとイスラエルと付き合うのを敬遠しているように見てとれる。

　しかし、アラブ諸国とイスラエルの仲が悪いのはイスラエル建国の1948年以降の60年のこと。その前の約1800年間はユダヤはイスラム世界の中で生き長らえてきたのだ。特にスペインのイザベラ女王がキリスト教に改宗することを拒否したすべてのユダヤ人を一人残らず国外追放にした1492年３月31日以降、ユダヤ人はイスラム（オットマン・エンパイアー）に保護され温かく迎えられ、ユダヤ教徒として生きることを公認されたのだ。

これを踏まえるとイギリスのような賢明な対応が生まれる。長い歴史の状況から推察するに、将来イスラエルとアラブ諸国が和解することは十分考えられるからである。
　ここ20〜30年という短期的なものの見方で対応すると時代の突然の変化についていけなくなる。日本人は1000年〜2000年の時間軸という「三次元軸」が抜けているのではないか。

「現在」から自分自身を解き放つ

　ある日本人の女子高生が、留学先のアメリカの高校で友達に馴染めず寂しい思いをしているとしよう。彼女は現状での人間関係がうまくいっていないことに悩み、孤独を感じて、親しい友達のいる日本に帰りたいとそればかり考えている。
　この女子高生の状態は、たとえていえば筒の中に置かれた人のようなものだ。狭くて長い筒の中に人を置くと、どちらを向いても筒の壁にぶち当たり、狭いことのみにとらわれることになる。つまり、高校という狭い筒の中で、周りを取り囲む壁にのみ気をとられ、こだわり、もがいているのである。
　こんなときは、次元を変えると違った景色が見えてくる。長い目で見れば、高校生活はいつか終わりを迎える。自分を取り囲む狭い筒もいずれは取り払われる時がくると思えば、筒の上には無限の青空が広がっていることに気づくはずである。
　そのような状態を想像できれば、今はまだ筒の中にいるとしても、もがき苦しむことはないのである。
　人は無意識のうちに、さまざまなものにとらわれ、囲われ、束縛されている。それらはすべて、視野の狭さから自分で自分に課した精神的な呪縛や限界、思い込みだったりする。
　呪縛や思い込みから自分自身を解放し、無限に広がる可能性を見出すためのひとつの有効な手段が、長期的視点で物事を見るこ

となのだ。

　この世の中は変転が激しいように見えて、実はメリーゴーランドだといわれる。同じことが回ってくるのだ。
　——ユダヤにはこんな教えがある。
　豊かな時代の後には貧困の時代がやってくるし、好況の後には不況が襲う。好調な時は永遠には続かない。
　物事は良ければ必ず悪くなるものだと教える物語も、ヘブライ聖書には登場する。
　ユダヤ人が長期的な視点を自然と身につけてきた背景には、こうした教えがあったのかもしれない。

長期的な視点をもつということ

　ちなみに、ユダヤでは、「7」という数字を一区切りと考える。神が6日かけて天地創造を成し遂げ、7日目に休養したというヘブライ聖書の物語が由来である。
　6日働いて1日休むサイクルを人類史上初めて実施したのはユダヤ人だ。農地も6年間続けて作物を収穫したら、土地を痩せさせないために7年目は休める。経済変動も7年周期で考える。豊作と飢饉は7年周期で起こり、好況と不況も7年周期でくり返すと予測する。

　これは、調子が悪いときも心配しなくていいということではない。辛いときはただ耐え忍んでいるだけで春が訪れるとは、ユダヤ人は考えない。不況や困難な状況に陥ったなら、そこから抜け出すための方策を考えなければならないのだ。
　7年周期で世の中の動きを捉えよというユダヤの教えは、きたるべき不況や困難をあらかじめ察知し、万全の準備でその時期を

乗り切るための知恵でもある。

　いまこの時だけを見て、好調にあぐらをかいて準備を怠ったり、不調を嘆くだけで活路を見出す努力をしない者には春は来ないとユダヤでは教えられる。

　ユダヤ人が幾多の試練を乗り越えてきたのは、長い目で物事を捉え、世の中の動きに適切に対応してきたからである。

　それに対して日本ではどうか。

　経済活性化といいながら公共事業頼みの政策から抜け出せず、未来への借金を増やし続けているのではないか。

　日本人もそろそろユダヤ人の長期的な視点を見習うべきではないだろうか。

Practice──ふたりの泥棒

トレーニング 24

　農夫がラバイのところに行き、「私にタルムードを教えてくれないか」と頼んだ。するとラバイが「お前にわかるわけがない」と突き放した。農夫が「何とか教えてください」と懇願すると、ラバイは「よし、わかった」といって、次のような質問をした。

　ある日、煙突から居間にふたりの泥棒が入ってきた。ひとりの顔はすすで真っ黒だった。もうひとりの泥棒の顔にはすすがついておらず、真っ白だった。

問題
　どちらの泥棒が顔を洗うだろうか？

❖「認識」「事実」「真理」を区別する

　これはユダヤの母親が、小学生くらいの子どもに説話と一緒に問いかける質問である。泥棒のひとりは顔がすすで汚れ、もうひとりは汚れていない。この状況でどちらが顔を洗うだろうかという問いである。

　説話の中で、農夫はこう答える。
「汚れているほうが顔を洗うに決まっていますよ」
　きっと同じように考える読者も多いだろう。しかし、ラバイは「それは間違いだ」という。
　農夫が理由をたずねると、「物事には次元の違いがあるということだ」とラバイがいった。
　翌日、農夫がまたラバイのもとへやってきていった。
「先生、わかりました。すすのついていないほうが顔を洗うのですね」
　農夫は続けてこういう。どちらの泥棒も自分の顔は見えないが、相手の顔は見える。顔の汚れていない泥棒が、顔の汚れた泥棒を見て、「自分の顔にもすすがついているかもしれない」と思って顔を洗うに違いない。つまり、泥棒はそれぞれお互いの顔を見て、自分の顔の状態を想像するというわけだ。
　するとラバイが再び、「だからお前には教えてもわからない」といった。またもや間違いだという。
「そもそも同じ煙突を降りてきたのに、ひとりの顔が汚れていて、もうひとりの顔が汚れていないということはあり得ないのだ」と、さらに別の次元での見方があることを教えた。

　ユダヤ人に聞くと、この説話には奥の深い狙いがあるという。
「認識」「事実」「真理」の違いを子どもに教えるための説話な

Lesson 7　別の次元から物事を見る〜発想を逆転させる　171

のだ。そしてこれらは、物事を見る次元によって異なるということだ。

　顔が汚れているほうを泥棒A、顔が汚れていないほうを泥棒Bとしよう。泥棒Aは、顔がきれいなままの泥棒Bの顔を見ても、まさか自分の顔が汚れているとは思わないだろう。一方で、泥棒Bは泥棒Aの汚れた顔を見て、「自分の顔も汚れているかもしれない」と思う。

　つまり、泥棒Aは、「ふたりとも顔は汚れていない」と認識し、泥棒Bは、「ふたりとも顔が汚れている」と認識していることになる。

　相手との関係性から物事を判断しようとすることを「二次元の視点」と呼ぶことにする。**二次元の視点では、どの角度から見るかによって、事実を受け止める認識が異なる。**そしてその認識は、必ずしも事実とは違うということだ。

　では、どの次元から見れば、「泥棒Aの顔は汚れていて、泥棒Bの顔は汚れていない」という事実を正しく認識することができるのか。それは、泥棒Aと泥棒Bの両方を外から眺めたときである。舞台の上にいる泥棒Aと泥棒Bを、観客席から眺めるイメージだ。**観客席から舞台を眺める**ことを「**観客の視点**」と呼ぶことにしよう。観客の視点をもってはじめて、泥棒Aと泥棒Bのどちらの顔が汚れていて、どちらの顔が汚れていないのか、事実を正しく見ることができる。

　ここまでが認識と事実の問題。次に事実と真理の問題に進もう。

　事実が果たして真理なのかを見極めるには、さらに異次元から見てみる必要がある。このラバイが最後に指摘した点である。そもそもふたりの泥棒は煙突から入ってきた。同じ煙突をくぐったふたりのうち、片方だけの顔にすすがついているのは不自然だという見方だ。

舞台事実（舞台で繰り広げられること）の不自然さ（真理）に気づくためには、その観客を観察する別の観客、観客の観客が必要だ。
　観客の視点よりも、さらに別の次元から見ることを「**神の視点**」と呼ぶことにしよう。
　ここでいう神とは、ユダヤの神を意味するものではなく、**人間が地上で物事を見ようとする次元とは別の次元から物事を見る**という意味で使っている。神の視点をもつことで、**認識や事実とは別に真理が存在する可能性があることに気づく**ことができる。

　ユダヤ人の母親は、この説話を子どもに聞かせながら、「そもそもこの設問の設定はおかしい」と子どもが疑問をもつこと、真理に気づくことを期待するそうだ。

■▶ 観客の視点を超越する「神の視点」をもつ

　日本人は、どうも二次元の視点になりがちのように思う。そのため視野が狭くなり、事実を自分の都合で認識したり、いつも通りの思考パターンに陥り、思い切った発想ができなかったりする。
　もっと頭を柔らかくするために、観客の視点、神の視点を意識することは大切である。ふたりの泥棒の話でいえば、泥棒がお互いの顔を見つめる状態から、泥棒を俯瞰して見る観客の視点、さらには観客の視点すらも超越し、泥棒と観客を別次元から見つめる神の視点、観客の観客を意識してみてはどうだろうか。

　このLessonの冒頭に提示した木から落ちるリンゴの話を、神の視点で見てみるとどうなるだろうか。「なぜリンゴは落ちるのか」と考えたイギリス人や、リンゴが落ちるのを見て生命のはかなさを感じる日本人は、どちらも自分を地上に置いてリンゴの木を眺

めている。それに対して、「リンゴが天空に吸い寄せられる可能性もあるのでは？」と考えるユダヤ人は、**落ちるという上下軸ではなく上下軸を横にした別の時空、つまり天空と地球を丸ごと手のひらに置いて別次元から眺めている。**

　これが神の視点ということになる。

　太陽が東から出て西に沈む話でいえば、太陽が東から出て西に沈むのを見て、古来の人々は「太陽が地球の周りをまわっている」と認識した。地上にいる自分から太陽を見る二次元の視点である。一方で、太陽から地球を見るなら、「地球が太陽の周りをまわっている」という認識になるだろう。しかし、どちらが事実であるかは、太陽と地球を別の次元（観客席）から見る必要がある。観客席（太陽系の外の次元）から見てはじめて、地球が太陽の周りをまわっている事実を認識できる。

　さらに、太陽と地球を含む銀河系全体を手のひらに乗せてみたらどう見えるかを考えるのが、神の視点、すなわちユダヤ的発想である。神の視点で見れば、地球が太陽の周りを公転しているだけでなく、太陽自体も銀河系を動いているのではないかという発想も生まれてくる。真理により近づくことができるのだ。

　神の視点をもつことの重要性は、**認識から事実、さらに普遍的な真理へと近づくことで、二次元の視点がもたらす偏った認識から思考を解放する**ことにある。つまり、自分が置かれた現状の常識や既成概念などにとらわれずに、自由に柔軟に発想するための物の見方が神の視点なのである。

柔軟な思考が逆転の発想を生む

　柔軟な思考からは、逆転の発想も生まれてくる。

　先に紹介したポケットプリンターの誕生は、「プリンターとはこういうもの」という概念からいかに解放されるかが鍵だったと

いえる。プリンターであるためには印刷できればよく、手のひらサイズでもち運びできたらどんなに便利だろうと開発者は考えたに違いない。あとは小さなロボットで大きな紙に印刷する方法を考案するだけである。

　神の視点には、**一見すると八方塞がりに見える状態も、絶対絶命に思える窮地をも軽々と飛び越える自由**さがある。

　次に紹介するのは、逆転の発想で九死に一生を得たユダヤ人の話である。

Practice——兵士とパスポート

トレーニング 25

　北部アフリカのエチオピアにはユダヤ人がいる。1980年代末、エチオピアの軍事政権は国内のユダヤ人を捕え、刑務所に放り込んでいた。殺害はされなかったものの、食べ物は与えられず、餓死の危険があった。

　捕えられた中に、ひとりのラバイがいた。彼は監視の隙を見て逃げ出した。その日は農家の小屋に隠れ、夜遅くなってから国境に向かって歩き出した。陽が昇る前に隠れ、深夜に明かりのない道を歩くことを何日かくり返した。やっと収容所からかなり離れたので、国境方面に行くバスに乗って時間と距離を稼ぐことにした。

　ところが、途中の検問所でバスが止められ、兵士ふたりが乗り込んできた。マシンガンを抱えながら「全員パスポート、または身分証明書を見せろ。手にもって頭上に差し出せ。もってない奴は不審者とみて直ちに射殺する」と大声で怒鳴ったのだ。ラバイは何ももたずに脱走したので、もちろんパスポートも身分証明書ももっていない。このことを兵士に尋問されればこのラバイの命運もここまでだ。ただ幸いなことに、いちばん後ろに座っていたので、憲兵がくるまでに2～3分の余裕がある。ラバイは必死に考えた。そして、起死回生のとっさの行動に打って出た。

[問題]
　あなたなら、どうやってこの窮地を脱するだろうか。

■ 起死回生をかけた判断力

　これはそのラバイ自身から私が直接聞いた実話だ。
　ユダヤ人はこのような絶対絶命のさなかにあっても、決してあきらめることはない。頭をフル回転させて、生き延びるチャンスをなんとしても探し出そうとする。

　このラバイは、立ち上がるや、彼のまわりに座っていた何人もの乗客のパスポートを次々と集めた。15人分くらい集めると、通路を近づいてくる将校のひとりにこういって差し出したのだ。

「私の分も含めて後部座席の乗客のものをおもちしました。お役目大変ご苦労さまでございます」

　虚を突かれた兵士は、協力者の市民がたまたまバスに乗っていたと思ったのか、15人分のパスポートに一応ざっと目を通して、そのままラバイに返した。「よかろう」といってバスから降りて行ったのだ。ラバイの心臓は恐怖のあまり停止しそうなほど激しく鼓動を打っていたそうだ。
　ラバイは無事に国境を通過し、地中海から船に乗ってイスラエルに逃れ出た。1カ月にも及ぶ逃避行だったという。

　起死回生をかけた緊張の数分間で、ラバイはどのようにして逆転の発想を得たのだろうか。
　パスポートの不携帯を悟られないようにするために、パスポートを見せずにすむ方法を必死に考えたに違いない。そして、協力者のふりをして何人かの乗客のパスポートをまとめて差し出せば、兵士の目をあざむけるのではないかと思いついた。そこでラバイは乗客のパスポートをまとめて差し出す役目を買って出たのであ

る。

　兵士のほうも、まさか不審者がそんな大それたことをするとは思わなかったのだろう。兵士がラバイの言動を簡単に信じて、パスポートと持ち主を照合しなかったことも幸いしたといえる。

　不審者か、それとも協力者か。
　事実はどうであれ、事実とは異なる認識を相手に植えつけることはいくらでもできる。**見る角度や次元が変われば認識も変わる**ことを巧みに突いた大胆な発想だった。
　このひらめきは、普段から異なる次元で物事を見る習慣をもち、二次元の視点から神の視点まで自在に往来していたからこそ生まれたものだろう。
　神の視点がラバイをこの窮地から救ったのだ。

「敵」は本当に敵なのか？

　一見すると敵対する関係でも、神の視点で見れば味方だということがよくある。
　わかりやすい例でいえば、世の中での認知の低いカテゴリーの商品を販売する場合、競合企業が互いに牽制し合うよりも、業界全体で協力して市場全体のパイを広げるほうが、それぞれの企業の利益にもなる。
　いわゆる「ウィン・ウィンの関係」というやつだ。

　敵対関係を味方の関係に変えるという逆転の発想は、対立構造による硬直状態から脱する切り札となり得る。イスラエル工科大学のあるユダヤ人研究者が開発したまったく新しいタイプの抗がん剤がいい例だ。

▪ 思考を飛躍させるには？

　従来の抗がん剤は、経口摂取もしくは静脈注射で人体に取り入れて、癌細胞だけを狙って効率よく攻撃しようとする分子標的薬が主流だ。
　ただ、癌細胞だけを狙い撃ちしようとしても、癌細胞と似たような特徴を示す正常細胞まで攻撃してしまうため、副作用の問題が避けられない。副作用を軽減するため、抗がん剤の癌細胞への到達率をいかに高めるかが、現在の抗がん剤開発の主要なテーマになっている。
　ところがこのユダヤ人研究者の発想は逆である。
　癌細胞を敵とみなして抗がん剤でたたくのではなく、味方につけて癌細胞自体に抗がん剤をつくらせようというのだ。癌細胞は体内で周りから栄養素を強力に取り込み自らを増殖させているのだが、その取り込む力を利用して、抗がん剤を癌細胞の中でつくらせる。ナノテクノロジー物質を癌細胞に埋め込めば、癌細胞を抗がん剤製造工場に変身させることができるという。癌細胞は自分でつくった抗がん剤であえなく死んでしまう、というわけだ。
　この新たなタイプの治療法には世界が注目し、投資が集まっているのだが、今のところ日本ではほとんど知られていないようだ。

　ここでも**別次元への視点の転換**が重要なポイントである。
　抗がん剤の癌細胞への到達率を高めようとするのが従来の考え方だと述べたが、到達率の改善には限度があり、これに固執すれば副作用問題の解決は難しい。
　活路を見出すには、次元を変えて見る必要がある。
　抗がん剤は癌細胞と敵対するものという認識から自分を解放し、もっと広い視野で見てみる。
　ユダヤ人研究者の場合は、癌細胞が体から栄養素を取り込み増

殖する力に着目した。癌細胞を味方に取り込んで抗がん剤をつくらせるという、逆転の発想だ。いわば癌の中に自分でsuicide bomb（自爆者）をつくらせる発想だ。

　敵対関係を友好関係に変えることで目的を達成する方法はないか。
　このように考えてみることも、活路を見出すための有効な一手になるであろう。**改善だけでは決して届かない領域への飛躍を可能にするのが、神の視点によるイノベーションなのだ。**

Practice──追いつめられたユダヤ人の奇策

トレーニング 26

中世のヨーロッパでは、差別されたユダヤ人が領主から何かにつけて難癖をつけられたり、無実の罪を着せられ、処刑されることが多くあった。

あるユダヤ人が無実の罪で捕まり、裁判官でもある領主からこういわれた。

「お前のユダヤの神は、よほど偉い神だというではないか。ここに封筒がふたつある。中には紙が入っており、ひとつには『無罪放免』、もうひとつには『死刑』と書いてある。さあ、お前の神が奇跡を起こしてくれるのを見たいものだ。どちらかを選んで取れ。その封筒に書かれている言葉に私は従うことにしよう」

追いつめられたユダヤ人は必死で考えた。

「何としてでも生き抜くぞ。この領主は私を死刑にするために、両方の封筒に『死刑』と書いてあるに違いない。ならば……」

ユダヤ人はそう判断して、奇策に打って出た。

[問題]

あなたがこのユダヤ人なら、どうやってこの状況を脱するか？

■ 勝ち目のない勝負は「ルール」そのものを変える

　さて両方の封筒に「死刑」と書いてあるのなら、どちらの封筒をとったとしても死刑は免れない。
　ではどうするか。

　このユダヤ人は、ひとつの封筒を手に取るなり、ぐしゃぐしゃにその封筒を丸めると、なんと口の中に放り込んで、「ゴクン」と飲み込んでしまった。そして、領主に向かってこういい放った。

　「領主様、私が選んだ封筒の中に書いてあることは、ここに残っている封筒の中身とは反対のことのはずです。残っている封筒に書かれている言葉が『死刑』ならば、私は無実です。ですので、領主様、残っている封筒に書いてある言葉を声に出してお読みください」

　ユダヤ人の読みどおり、封筒には両方とも「死刑」と書かれていた。こうしてユダヤ人は生き残ることができたのである。

　どちらの封筒を選んでも死刑。
　この絶体絶命のピンチからこのユダヤ人を救ったのも、「神の視点」だった。ユダヤ人が置かれた状況をそのままとらえれば、卑怯なやり方でユダヤ人を有罪にしようとする領主と、その領主にはめられたユダヤ人という構図である。
　しかし、この状況を別の次元から見てみると、やり方によってはふたりの立場を逆転させることができることに気づく。
　どちらの封筒を選んでも「死刑」なら、どちらの封筒が残っても「死刑」。選んだ封筒で判決を決めるのではなく、残った封筒で判決を決めるようにすれば、このユダヤ人は確実に無罪になる。

「相手と同じ土俵で闘わない」というのは、まさにこのことだ。
　相手が設定したルールに従わなければならない理由はどこにもない。
　自分の有利になるようにルールに変えてしまえばいいのだ。「神の視点」があればそれも可能だというわけだ。

ルール、前提を取り払って考える

　物事に慣れたり、成功が続いたりすると、うまく物事が進んでいた時のルールや前提を手放せなくなる。やがてルールや前提が古びて時代遅れになったことにも気づかず、参入企業との激しい競争にも巻き込まれ、行き詰まり、企業も人も疲れ果てることになる。
　慣れ親しんだルールや前提から解き放つのは、「別次元からの視点」である。

　ふたたびインテルの話をしよう。
　メモリー事業から撤退し、CPU事業に軸足を移した後のことだ。当時、コンピュータのデータ処理スピードを速めるチップが求められており、インテルは処理速度の速いチップを次から次へと発表して、業界で確固たる地位を築いていった。インテルのチップの速度が速くなればなるほど、インテルの株価も上昇した。
　しかし問題は、チップの速度を上げるほど消費電力も上がり、発熱量も増加することだった。インテルイスラエルの開発チームはこの問題にいち早く気づき、消費電力を抑えたチップの開発に舵を切った。
　ところが、インテルの首脳陣がこの方針転換にNOを突きつけた。なぜなら彼らが欲していたのはただひとつ、1秒でも処理能力の

速いチップと、それに伴う株価の上昇だったのだ。
　社内での激論の末、消費電力を抑えた新しいチップが発売されると、売れに売れた。

　インテルの首脳陣が、チップの速度重視の方針からなかなか抜け出せなかったのに対して、イスラエルの開発チームは早々と省電力チップへ方向転換した。
　ここにも視点の次元の違いがあったと思う。
　首脳陣が見ていたのは、自社の株価だった。
　それに対してイスラエルの開発チームは、消費者が何を求めているのか、次に予測されるモバイル時代に求められるチップとは何かを広い視野から見ていた。その結果、チップの価値が速度で評価されてきた業界の常識を打ち破り、省電力でチップの性能を測る新たな常識を打ち立てることができたのだ。
　もしあのままチップの速度にこだわり続けていたら、消費電力の大きなチップはいずれ売れなくなっていたに違いない。

　インテルの例からもわかることは、**近視眼的に自分の周りだけを見ていると、間違った方向に進んでいても気づかない**ということだ。
　物事がうまく進んでいるときこそ、今のままでいいのか、現路線を維持しながら時代の要求にきちんと応えられるのか、別の次元から自分の現状を見てみる必要があるだろう。

Part 3
イノベーション思考
──未来を切り拓く力

■

Lesson 8

人間の本質を
つかむ
〜ありたい未来を予測し、実現する

First Question

トレーニング27

　1911年、ルーブル美術館からレオナルド・ダ・ヴィンチの「モナ・リザ」が忽然と姿を消した。過去にルーブル美術館に仕事で出入りしていた男が、休館日の前日に美術館に忍び込み、翌日、館内の修理などのゴタゴタに紛れてもち逃げたのである。2年後、この男がモナ・リザを売りさばこうとして発覚、逮捕された。

　世界を驚かせたこの盗難事件だが、じつは盗難事件よりも不可解な現象がルーブル美術館では起きていた。

　美術館の顔でもあった「モナ・リザ」が消えた2年間、モナ・リザが展示されていないのにもかかわらず、入場者数がその前年に比べて倍増したのである。

　その理由をあなたはどう考えるか。

▶ 何が人を動かすのか？

　20世紀最大の美術品窃盗事件といわれたモナ・リザの盗難。この事件を知ってる人もいると思うが、不思議なのは、モナ・リザの消えた美術館に、それまでにも増して異常な数の人々が押し寄せたことだ。そして皆が、絵が消えた壁を見つめていたのだ。

　絵画がどうやって盗まれたのかを確かめにきたのか、それとも世紀のミステリーが人々の心をとらえたのか。真相は誰にもわからない。とはいえ、モナ・リザが消えた空虚な壁を目当てに集まった人で、美術館が埋め尽くされたことだけは紛れもない事実で

ある。
　これについてユダヤ人との食事会で議論になり、あるユダヤ人が意地悪にもこういった。
　「ルーブルにモナ・リザなど必要ないね。引っ込めてしまったほうがいいんじゃないか。展示しないほうが美術館は儲かるよ」

　モナ・リザの価値とは一体何なのか、考えさせられる出来事である。

　これに似たことが身近でも起きている。たとえば、京都・上賀茂神社の門前菓子として有名な「やきもち」は、ほとんどが午前中に売り切れてしまい、午後は閉店状態であることが多いという。せっかく買いに行ったのに、お目当ての商品が売り切れ。これが商品の希少価値を高めたのか、「なんとしても手に入れたい」と渇望する人々が早朝から並ぶのである。
　お菓子としての評判はもちろん、他で売っておらず、かつ、いつでも手に入るわけではないという理由でお土産としても人気が高いようだ。
　ルーブル美術館での現象も同じように説明できるのではないか。消費者は、いつでも鑑賞できたり買えたりするものには価値を感じにくい。それよりも滅多に手に入らないものに興味を抱いたり、欲しいと思ったりするものだ。
　モナ・リザは忽然と姿を消したことで希少価値が高まり、それが展示されていた場所に多くの人が集まったのだろう。

ビジネススクールでは教えられないビジネスの勘所

　ユダヤ人は、日常の中でこうした議論をしている。
　ビジネススクールに通ってマーケティングの理論や手法を勉強

することが成功への近道だと思っている人が多いかもしれないが、こうした議論こそ、マーケティングの本質にかかわる議論ではないだろうか。

　ビジネスとは、人間を相手にするものだから、人間に対する理解がモノをいう。人々がなぜそのような行動をとるのか、なぜその商品やサービスにお金を払うのかを考えることのほうが、モノを売るためには必要な思考である。

　たとえば、アフリカで化粧品を売るとしよう。

　文化も違えば肌の色も違う人たちに、どうすれば化粧品が売れるのか。日本で売るのと同じような商品をもち込んでも、おそらく売れないだろうと予想がつく。日本人が考える「美」と、アフリカの人たちが感じる「美」は違うからだ。

　人が欲しいもの、お金を払ってでも買いたいものを提供すれば売れるし、そうでなければ売れない。**ビジネスで大切なことは、まずは相手を知り、相手の価値観や文化的背景を理解することである**。

▶「しくみ」をつくるのが得意なユダヤ人

　現代社会において産業の基盤となる業種やしくみ、たとえば金融、保険、ハリウッド映画、情報・通信、百貨店、アパレルや化粧品ブランド、宝飾品などは、どれもユダヤ人が築き上げたものである。

　例を挙げれば、ロスチャイルド、デル、インテル、メイシーズ、シアーズ、ラルフ・ローレン、カルバン・クライン、エスティローダー、デビアス……、そしてハリウッド映画はほとんどがユダヤ系資本である。

　なぜユダヤ人がこれほど広範なビジネスで成功してきたのか。

最大の理由は、ユダヤ人が人間のことを理解しているからではないかと考えている。

　人間をどれだけ理解しているかがビジネスでは大事だと述べたが、ヘブライ聖書を日々勉強しているユダヤ人は、人間のことをよく把握している。ヘブライ聖書は、人間を赤裸々に描いたベストセラーであるからだ。

　聖書に描かれた人間の本質は、4000年経った今も色褪せてはいない。**テクノロジーがいかに進化しても、社会構造がどんなに変化しても、人間の本質は変わらない。**

　ビジネススクールで学ぶケーススタディが、せいぜい20〜30年先までしか通用しないのとは違って、聖書から学ぶ人間の本質には、これから私たちが向かう未来、果ては4000年先の未来までも予測できるヒントがあるとユダヤ人は考えている。

　ユダヤ人が聖書やタルムードでどのように人間について学んでいるのか見てみよう。

Practice──一人前のユダヤ人の条件

トレーニング 28

　ユダヤ人を連れてエジプトを脱出したモーゼは、カナンを目指して砂漠を放浪する最中、人口調査を行った。人口を数えるにあたり、1シェケルの半分であるハーフシェケル（シェケルはイスラエルの通貨）を支払った者をひとりと数えることにした。すると、それなりの額が集まり、カナンでの神殿建設の財源にすることができたという。

問題
　なぜ人々は人口調査に乗じた徴収に応じたのか。考えを述べよ。

▶ 人が動く"ツボ"をつかむ力

　モーゼがひとりにつきハーフシェケルの支払いを求めた人口調査については、「なぜ？」と疑問が生じる点がたくさんある。
　——なぜ人口を数えるのにお金を支払わせたのか？　お金を出さなければユダヤ人として認めないということか？　なぜハーフシェケルだったのか？　そもそも何のためにお金を集めたのか？

　これについて学者たちは長年議論してきた。
　ひとつの考え方は、ユダヤの集団としての一体感を醸成するためにお金を徴収したというものだ。古代ユダヤ人は、エジプト脱出からカナン入植まで40年もの間砂漠をさまよった。こうした状況下では、秩序の乱れが集団存続の危機を招く恐れがある。コミュニティの一員であることを自覚させるため、誰でも出せる金額を支払わせたという考え方だ。
　一方、わずかな金額でも拠出させることで、自己中心的な考え方を捨て去り、個人の利益よりも集団の利益、公共の利益を大切にすることを教えるためだという考え方もある。
　実際には、支払いを拒否したユダヤ人もいたそうだ。
　ユダヤ人のひとりとして数えられるために、なぜお金を出さなければいけないのか、と考える人がいたとしてもおかしくないだろう（拒否した人はユダヤ人とは認められず、コミュニティから追放された）。

　結果的には、神殿を建設できるほどのお金が集まった。
　コミュニティの一員として認められたいという帰属願望が人々にお金を出させたに違いない。一方で「ハーフシェケルも出さないケチな奴だと思われたくない」という心理も働いたのかもしれない。

この名残と思われる習慣がいまも続いている。

シナゴーグに設置されている寄進箱は、日本の神社や寺院のさい銭箱のように外に置かれているのではなく、信者だけにわかるように建物の中に置かれている。まるで、コミュニティの一員として認めてほしいなら寄付しなさい、との暗黙のメッセージのようでもある。

弱い者のために寄付せよと教えられるユダヤの人たちは、そこはわきまえている。厳粛な祈りの真っ最中、お金を入れるために列をつくるのだ。「私は寄付していますよ」と言葉に出さない代わりに、チャリン、チャリンと音を鳴り響かせて。

言動の裏に隠された心理を探る

聖書は人間を知るための格好の教科書だが、あなたの周りにも"生きた"教科書がある。家族や友人、同僚、上司、そして過去から現代に生きるすべての人々が学びの対象である。人々を観察し、人はなぜそのような行動をとるのか、その裏に隠された心理を突きつめて考えていくと、人間の本質が見えてくる。

たとえば、ルイ・ヴィトンやシャネルなどのブランドバッグやスイス製の超高級機械式時計（パテック、ロレックスなど）、カルティエのネックレスや指輪をなぜ人々は欲しがるのかを考えてみる。

実用性だけを考えるならば、ほかにも品質がよくて手頃な値段のものはいくらでもある。似たような品質や機能をもちながら、片方には安さを求める一方、その何十、何百倍ものお金を平気で払っている。

人々はいったい何にお金を払っているのか。

ダイヤモンドは、原石のままではただの半透明な石である。と

ころが、それにユダヤ人経営のアントワープの限られた工房によるカットと研磨が加えられると何万倍もの価値のある宝石に変わる。石そのものに価値があるわけではないのに、人はなぜ大金を払ってまでそのようなダイヤモンドを欲しがるのか。

ここに人間の本質をついたビジネスの共通項が見えてくる。
それは何か？
ぜひ考えてもらいたい。
果たして日本の企業の提供するものに、「**品質、価値は同じなのに何十倍何百倍もの対価を支払わせる**」ものがあるだろうか？
いわゆる品揃えは、日本企業も力を入れている。自動車メーカーであれば、大衆車から高級車までというやつだ。
しかしそれとは違う人間の本質をついたビジネスだ。果たしてそれは何か？
人はある「一定の思い」に至ると「対価の相当性」（高い安いという感覚）についての判断が全く違ってくる。その「思い」とは何か？　その「思い」をどうやってつくればいいか？

以下はヒントになるであろう。
それは、Exodus（出エジプト記）である。果たしてモーゼはファラオをどうやって説得したか？　何が決め手になったのか？
我々ユダヤ人はヘブライ聖書を一生の間に100回以上は熟読する。ユダヤ人ならすぐわかる答えだ。
日本人にはピンとこないかも知れないが、ぜひ考えてみて欲しい。

ここであげたことに限らず、日常的に目にする人々の行動を「なぜ？」という視点で観察すると、その行動を引き起こす人間の心理に近づくことができる。

Lesson 8　人間の本質をつかむ～ありたい未来を予測し、実現する

人の心理を探るときは、Lesson 7で解説した「別次元からの視点」がとても役に立つ。**他人の気持ちを推測するには、相手の視点に立つ必要があるし、自分の心理を客観的に捉えるには、自分を別の次元から眺めてみるのが効果的だ。**

　特に、自分とは立場が異なる相手の心理を知ろうとするとき、普段自分がいる次元で相手を見ても相手の本当の姿を捉えることは難しい。互いの理解を隔てる心理的な壁を取り除き、新たな目で相手を見るには、次元を変えることが大切だ。

　たとえば、お金を恵む者と恵まれる者——これはいってみれば、強者と弱者の関係である。

　ユダヤでは、弱者への寄付は信仰上の義務だと考えられており、人にお金を恵むときに配慮すべきことや具体的な恵み方がヘブライ聖書に示されている。

　そこには深い人間洞察に基づいた指南が並ぶ。たとえばこうだ。

　人にお金を恵むときは、お金が必要な本人だけでなく、その場にいる全員に配ったほうがよい。

　人からお金をもらうとき、たとえばユダヤの結婚式のお祝い金は受付で受け取らない。寄付箱が披露宴会場の一角に置いてあり、それを誰も見張ったりしていない。

　この理由をどのように考えるか？

　なぜ、お金をあげる必要のない人にまでお金を配らなければならないのか——そう思った人は、恵むほうの立場に軸足が残って

いるだろう。
　恵むほうは「よい行いをした」と誇らしい気分になったり、人を助けたという優越感をもつだろう。
　しかし、恵んでもらう人はどう感じるだろうか。ありがたいと思う反面、自分の境遇を惨めに感じるのではないか。大勢の前で施しを受ければなおさら、自尊心が傷つくだろう。こうした心境は、恵むほうからは想像しにくい。
　お祝い金も同じ考えに基づいている。貧しい人や忘れたりした人に恥ずかしい思いをさせない配慮だ。祝い金の強要をしないというユダヤの教えなのだ。
　ヘブライ聖書がその場にいる全員にお金を配るよう勧めるのは、恵んでもらう人を惨めな気持ちにさせないためだ。
　もし特定の誰かにお金を渡す場合、お金を恵むのではなく、「貸し付け」の形をとるようにアドバイスしている。貸し借りの関係は対等だから、借りたほうが惨めにならずにすむからだ。
　その代わり借金を取り立ててはならず、返せるときに返してもらいなさいと教えている。

　ユダヤの教えの根底には、人を惨めな気持ちにさせてはいけないという考え方がある。そのため、「施しは隠れて行う」が鉄則だ。
　強者に尊厳があるように、弱者にも尊厳がある。しかし、強者は、ややもすると弱者の尊厳に気づかず無遠慮に踏みにじってしまうことがある。
　ヘブライ聖書が徹底して弱者の側に立つのは、ユダヤ人がエジプトの奴隷であったからで、その戒めでもあるのだろう。
　立場の異なる相手の気持ちや心理を理解するのはそれくらい難しいということだ。

　「相手はきっとこう感じているに違いない」と思うことを、単

なる自分の思い込みかもしれないと疑ってみるといい。自分の視点にも疑いの目を向け、別の次元から見てみると、さらに違う側面が見えてくるだろう。

 これが、二次元の視点、観客の視点、さらには神の視点で物事を見るための格好の訓練にもなる。

 異なる次元の視点を自在に操ることができれば、人の行動やその裏に隠された心理により近づくことができるはずだ。

Practice──ふたりの乞食

トレーニング 29

　中世のあるときに、ふたりのユダヤ人の乞食が、キリスト教王国フランスにやって来た。ふたりは生き延びていくために、道端で恵みを乞うことにした。どうすればたくさんお金を集められるか考え、ある方法を実践したところ、お金がみるみるうちに集まった。

[問題]
　このふたりのユダヤ人はどのような方法でお金を集めたのか？

▶「心理戦」を仕掛ける

　多くの人が乞食の前で足を止め、チャリンチャリンとお金を落とすしくみをどうやってつくるのか——彼らがただ並んで物乞いをするだけでは、その日の飢えをしのぐだけのお金しかもらえないだろう。より効率的にお金を集めるには、人の心理を読み、どうすれば人が動くかを考えることがポイントとなる。
　これは、「乞食のお金の稼ぎ方」というユダヤの説話である。

　ふたりの作戦はこうだ。
　ひとりはユダヤ教の象徴であるダビデの星を置いて、道端で恵みを乞うた。もうひとりは、十字架を布の上に置いて、道行く人に恵みを乞うた。
　当時のフランスは、キリスト教徒が圧倒的に多かったので、当然十字架を置いた方に多くの硬貨が投げられた。十字架の方のユダヤ人にお金が貯まると、物陰でそのコインをダビデの星を置いているもうひとりのユダヤ人に渡した。
　ダビデの星の方に硬貨の山が積まれ、十字架の方にはまったくないという状況をわざとつくったのだ。

　たまたま通りかかったキリスト教の神父が、十字架の方の布にはまったく硬貨がないのに対し、ダビデの星には山ほど硬貨があるのを見て、「これは、キリスト教徒の乞食の方よ、おかわいそうに。キリスト教の神父である私がユダヤ人に負けないくらいお金をお恵みさせていただきます」といって、何枚ものコインを十字架の方の布に置いていった。
　これを何日もくり返し、ふたりは商売を始める元手を稼ぐことができたという。

キリスト教徒の人々は、ユダヤ教徒の乞食だけにお金が集まるのを見過ごすわけがない。

　人々の心理を冷静に読み、人々が彼らの前にお金を置かざるを得ないような演出をした。ふたりのユダヤ人の見事な作戦勝ちである。

人を動かす「動機」に着目する

　いい商品を安くつくれば売れる、良い商品を真面目につくることが正しい企業努力だと考えてきた日本人にとって、ふたりの乞食のようなお金の稼ぎ方は受け入れにくいかもしれない。ラクしてお金を稼ぐことに罪悪感をもったり、「フェアじゃない」「汚いやり方だ」と感じる人もいるのではなかろうか。

　そう感じる人は、人の心理を利用したユダヤ人の稼ぎ方と、人を騙して稼ぐやり方を混同しているかもしれない。どちらも「ずる賢い」「汚いやり方」などという言葉でひとくくりにし、嫌悪してはいないだろうか。

　ユダヤでも、人を騙してお金を稼ぐ商売は固く禁じられている。

　かごの上段に新しい果物、下段に古い果物を重ねて入れて売ってはいけない。反物屋が巻き尺の目盛を細工したり、秤屋が秤を自分の都合で調整したりしてはいけない——これらは、ヘブライ聖書に書かれている教えだ。こうした行為は、相手に不利益を与える偽装や不正であり、人の心理を巧みに突いたユダヤ人のやり方とはまったく異なる。

　また、ラクして稼ぐことに罪悪感をもつ人は、ラクして稼ぐ、**つまり効率的に稼ぐためには頭をフル回転させて知恵を絞らなければならないこと**を忘れてはいないだろうか。

　ふたりの乞食の説話からもわかるように、効率的に稼ぐには、

人の行動や心理を観察し、人が動かざるを得ないしくみを考えなければならない。**人を動かすしくみを自分たちでつくり出すのだ。**
　何も考えずに古びたしくみにしがみつき、競合が乱立する市場であくせくしている人とはわけが違う。

▶「しくみ」をつくる思考法

　人を動かすしくみというと、とてつもなく複雑なものを想像するかもしれないが、難しく考える必要はない。
　たとえば税率の設定を考えてみよう。
　税金はできれば払いたくないと考える人が多いと思うが、払う人にとって払いやすく、かつ社会全体の税収が増えるような税率にするにはどうすれば良いだろうか。
　その点、ユダヤのツェダカ（寄付の習慣）が求める割合は、よく考えられている。

　ユダヤでは貧しい人への寄付は義務とされ、誰もが収入の10％を寄付するよう求められる。日本的な発想をすれば、累進制にして最高税率を50％くらいまで引き上げれば、富裕層からもっと多額のお金が集まると考えるかもしれない。
　だが、ユダヤではそうは考えない。
　仮に、累進課税にして富裕層に50％の税金を課したとしよう。それでも一般庶民に比べれば多額のお金が残るからいいじゃないか、と思うかもしれない。
　しかし、富裕層からすれば、50％も税金で搾取されるのはバカバカしく、転出を考えるかもしれない。あるいは稼ぎを抑えて節税することを選ぶかもしれない。結果的に富裕層から得られる税金が減り、社会全体のためにならないと考えるのだ。
　その点、収入の10％は多数の人が寄付しやすい数値であり、も

っと稼いで収入を増やそうと富裕層が考えれば、社会全体での寄付額も増える。

　人間の心理をよく研究した、人々が継続して寄付しやすいしくみだといえる。

　ユダヤ人が築いてきた金融ビジネスも、ダイヤモンドや金などの鉱物ビジネスも、**始まりは「どうすれば人を動かすことができるか」という発想**であった。

　彼らはそこを起点に独自のしくみをつくり、競争に巻き込まれない環境を整え、ノウハウをブラックボックス化して大きな利益を生み続けている。

　最近はネットビジネスにおいて新たなしくみが生まれている。SkypeやGoogle、Facebook、Dropbox、Evernoteなどがサービスを無料にして利用者を集め、広告収入で稼ぐというしくみを成功させた。「**無料にしていかに稼ぐか**」**という一見矛盾するビジネスモデル**を軸に、これからの情報通信領域は発展していくのではないだろうか。

　しかし、ユダヤ人のこのビジネスモデルは、イギリスが早くから取り入れたビジネスモデルである。

　たとえば、大英博物館の本館は入場無料である。そのため、いつもごった返している。しかし、いったん入場無料で入った後で、お金をとるシステムがあちこちに用意されている。結局、無料で入ったにも関らず、人々はなんだかんだでお金を落として大英博物館を後にするという。

　ひと言でいうと「せっかく来たのだから」「またいつ来れるかわからないから」という人間の心理をうまく利用しているのだ。

どんなしくみも、それを利用してお金を落とすのは人である。人間の本質を知る人たちが、過去のしくみを生み出してきたし、これからのしくみをつくっていくであろう。

　人間のことをよく知れば、あなたもしくみを考え出すことができる。**誰かが考えたしくみに乗るのではなく、あなたがそのしくみを考えてみてはどうだろうか。**

　人々の行動から心理を探り、どうすれば人を動かせるかを考えてみれば、世界を変えるような新たなしくみをつくるアイデアが生まれるかもしれない。

Part 3
イノベーション思考
——未来を切り拓く力

Lesson 9

背景にある哲学をつかむ
〜ゆるがない価値観をもつ

First Question

トレーニング30

　日本は捕鯨を反対する国々から激しくバッシングを受けている。海外からの批判に対して、日本はどう反論すべきか。

a) 反捕鯨の国々も、昔はクジラを捕獲していた事実があるではないか。
b) 反捕鯨の国々でも、カンガルーやトナカイを殺してそれらの肉を食べている。それと捕鯨はどう違うのか。
c) 絶滅の恐れのない種類のクジラを捕獲しているから、環境保護の観点からは問題ない。
d) クジラは日本の食文化だから、捕鯨は必要だ。
e) 反捕鯨の国々は、彼らの一神教的な価値観を他の国々にも押しつけようとしていて迷惑だ。
f) 上記のどれも当てはまらない（では、あなたならどう反論するか）。

なぜ的外れな主張をしてしまうのか？

　世界を相手にした議論で、日本と諸外国の論点がかみ合っていないと感じることがよくある。捕鯨問題もそのひとつだ。
　日本が南極海で行う調査捕鯨が、環境保護団体シーシェパードの執拗な妨害を受けたり、国際捕鯨取締条約に違反するとしてオーストラリアに提訴（日本側の敗訴）されたりと、反捕鯨の包囲網が狭まっている。

「なぜそこまで激しく反対するのか？」と疑問に思っている日本人も多いのではないか。批判される理由がわからないから、日本の主張は的を得ないものが多い。

　インターネットでよく見かける日本人の反論を挙げてみる。

　「クジラやイルカを食べるのは、牛や羊を食べるのとどう違うのか」「クジラやイルカは観賞用であって食用ではないというが、犬を食べる国だってあるじゃないか」「カンガルーやトナカイを殺して肉を食べている国はどうなんだ」

　くり返しになるが、これらの反論は、まったく的外れである。西洋諸国から見ると「小学生以下の反論だ」としか受け取られない。たとえていえば、スピード違反で捕まった人が、「俺の前に走っていた車なんて俺よりもっと速く走っていたじゃないか。なんで俺だけ捕まえるんだ？」と抗議しているようなものだ。このような反論で、警官が違反切符を切るのを思い留まってくれることはまずない。

　「ほかの人も同じことをやっているから」という反論は、自分の行為の正当性を主張するうえで効果はゼロに等しい。

問題の真の論点とは？

　捕鯨問題について、日本が西洋の国々と互角に議論するには、なぜ彼らが捕鯨に反対するのか、その背景にある哲学を知る必要がある。**背景にある哲学を知らなければ、的を得た反論ができるはずもない。**

　西洋諸国を反捕鯨に突き動かすもの、それはヘブライ聖書の哲学である。キリスト教やイスラム教の母体となっているヘブライ聖書は、西洋やイスラムの社会でも学ばれ、人々の心に刻み込ま

れている。というより、キリスト教の聖書のうち旧約聖書とはヘブライ聖書そのものなのだ。

そして、ヘブライ聖書の思想の原点ともいえるのが、「動物を虐待してはいけない」という動物優先の思想である。天地創造において、動物は人間よりも先につくられた。動物が人間よりも優先されるべきだ、という考えが根底にある。

ユダヤ教では、人間が食べてもいい動物は、家畜としての牛、ヤギ、羊のみである。「コーシャー」に則したと殺方法が絶対条件であり、一瞬でも家畜に痛みを感じさせるような残虐な方法で殺した家畜は食べてはいけない。つまり、人間が食べるために残虐な方法で動物を殺すことは禁じられている。

イスラム教のハラルも全く同じだ。家畜が痛みを感じる銃殺、電気殺、水没殺などは厳禁とされている。まして、銛や槍を突き刺すやり方はハラルではNGだ。

これが反捕鯨の根幹をなす哲学だ。日本人は、まずそれを理解しなければならない。

日本のクジラ漁では、クジラをボートで追いかけてクジラの背中に銛を打ち込む。クジラの巨体はそれだけでは死なず、何度も銛を打たれて、もがき苦しみながら死んでいく。諸外国が問題視するのは、クジラやイルカを捕獲することではなく、残虐な殺し方である。捕鯨の残虐性こそが、この問題の真の論点なのだ。

この論点に気づかない限り、日本には見事な反論はできない。先に挙げたa)からe)までの反論は、すべて論点がズレている。c)の「絶滅の心配のない種類の鯨を捕獲しているから、環境保護の観点からは問題ない」という主張は、いっていることは正しいかもしれないが、真の論点ではない。

日本がすべきことは、捕鯨の残虐性に関して日本の正当性を論理立てて主張することなのだ。

自分自身の価値観を探るヒント

聖書の思想をもち出して日本を批判する国々に対し、一神教の思想を一方的に押しつけられても迷惑だ、と拒否感を抱く人もいるかもしれない。世界三大一神教のユダヤ教やキリスト教、イスラム教が唱える正義や道徳だけが絶対に正しいわけではないと思う人もいるだろう。

だったらあなたの正義は何だろうか？ あなたの価値観とは一体どのようなものか？——こう問われて、ユダヤ人と堂々と渡り合える人がどれだけいるだろうか。

ユダヤ人には、ヘブライ聖書が教える絶対的な正義があり、タルムードで数千年間議論されてきた揺るぎない価値基準がある。

一方、現代の多くの日本人には宗教に基づく絶対的な価値基準が存在しない。日本人には仏教と神道があるが、ふたつは教義的に矛盾するうえ、ふたつの宗教を同時に信仰するためか「これだけは信じている」「絶対に譲れない」という軸が曖昧なのだ。

はっきりした軸がなければ、自分たちの立ち位置も不明確なままである。一神教の絶対的な正義で理論武装する人々に太刀打ちできるはずがない。

これは、宗教というより所をもたない人こそ、大いに議論すべきであるとも言い換えられる。

これまでもくり返し述べてきたように、**「なぜ？」と問いかけて考え、議論することでしか、物事の本質的な価値に近づくことはできない。**

真の論点や物事の背景にある哲学に気づくのも思考し、議論することなら、自分が大切にしたい価値観に導いてくれるのも思考し、議論することなのである。

Practice──古代ユダヤの離縁状

トレーニング 31

　古代ユダヤでは、離婚が成立するための条件をこう定義していた。
　「紙に書いた離縁状を夫が妻に渡したら離婚が成立する」

問題1

　離縁状を書いたということを、夫が妻に伝えただけで離婚は成立するか。「今日からもうお前を養わない」と妻に宣言できるか。

「なんのための議論か」を見極める

　離縁状を書いたが、書いたことを妻に伝えただけで、紙自体は渡していない。離婚の意思だけは伝えている。この状態で離婚は成立するだろうか。
　「離縁状を妻に渡した」ことが離婚成立の条件である。
　したがって、意思を伝えただけでは離婚は成立しない。つまり、この段階ではまだ、夫に妻の扶養義務がある。

　では、次の場合はどうであろうか？
　それぞれ考えてみて欲しい。

問題2
　離縁状を書き、文字の部分だけを切り抜いて妻に渡した。この場合、離婚は成立するか。

　文字だけを切り抜くなど現実にあるとは考えにくいが、タルムードではこれを真面目に議論している。
　文字がどう切り抜かれるかによって、答えは変わるというのが多数派の意見だ。もし切り抜いた文字がバラバラになって、文章を認識できなくなってしまったら、離縁状の役割は果たさない。
　よって離婚は成立しない。

[問題3]
　離縁状を書き、「これが離縁状だ、さあとれ」と妻に差し出したが、夫は紙の端を握ったまま放さない。妻も反対側を引っ張ろうとする。さて離婚はいつ成立するか。

　タルムードには、「離縁状をとらない妻が悪いのだから、この時点で離婚は成立する」という意見もある。
　では、離婚が成立するための「離縁状を渡した」状態とは、どの状態を指すのか。「夫が離縁状から完全に手を離したとき、離婚は成立する」という意見が多数派である。

[問題4]
　離縁状の両端に糸を結び、「欲しければとれ」といって片方の端を妻に差し出した。夫と妻は両側から糸を引っ張っている。さて離婚はいつ成立するか。

　[問題3]と同様、「離縁状を渡した」状態はどの状態かを考える。タルムードでは、「夫のほうの糸が切れたとき、離婚は成立する」という意見が多数派だ。

　これら議論が明らかにしようとしていることは何か、もうお気

づきだろう。離婚が成立するための定義である。
「離縁状が妻の手元に渡ってはじめて、離婚が成立する」——この定義を導くために、屁理屈とも思える議論が延々と続いてきたわけだ。逆にいえば、論点を踏まえたうえでの屁理屈だったのだ。

では、定義の背景にある哲学は何か。
離婚を証明する離縁状が妻の手元にあれば、妻は翌日から自由に再婚できる。反対に、手元に何も残らず「離婚した」といわれても、女性は人生の次のステージに進むことができない。
この定義の根底にあるのは、女性保護の哲学である。翌日からの女性の自由を保証するための離縁状のあり方を議論しているのである。
この背景が見えなければ、議論が迷走したり、的を得ない主張の応酬になるだろう。

多くの日本人は、「ユダヤ人は屁理屈をいって何が面白いのか？」と思うかもしれないが、それは間違いだ。
まず根本的哲学があり、その哲学を実現するために想定できるあらゆる事態にどう対処するかを議論しているのだ。
ユダヤ人は幼い頃からこうした議論に親しみ、背景にある哲学は何か考える訓練をしている。だから議論の論点を瞬時につかみ取ることができるのだ。
ここで、もうひとつタルムードを紹介しよう。
背景にある哲学を意識しながら読んでみてほしい。

Practice——牛とロバ（1）

トレーニング32

トーラの教えにはこうある。
「牛とロバとを同時にひとつのくびきにかけ、鋤を引かせてはならない」

[問題]
これはなぜか？　理由を答えよ。

▶ 背景にある哲学は何かを考える

　なぜ、牛とロバを同じくびきに繋いで農地を耕そうとしてはいけないのか。タルムードでは屁理屈としか思えないような議論が延々と続く。
　たとえばこんな質問が出る。
　牛とロバがいけないなら老牛と若牛ならどうか？　足の長い牛と短い牛ならどうかとか、目の見えないロバと耳の聞こえないロバとはどうか？
　つまり、牛とロバとか、力が均等でないもの同士をひとつのくびきにかけると、一緒に進ませようとしても足並みが合わず、うまく畑を耕すことができないのだ。それどころか2匹とも疲れてしまう。特に小さくて力の弱いほうに無理がかかり、苦痛を与えてしまうだろう。
　するとここで、こんな質問が飛び出す。

　「それじゃぁ、牛と金魚は一緒のくびきにかけてもいいのか、いけないのか？」

　突拍子もない質問に、日本人は「え？　金魚は空中では生きられないのでは？」と戸惑うに違いない。
　しかし、ここで思考を停止させてはいけない。**金魚をもち出してまで、相手は何をいおうとしているのか**——そう考えてみるのだ。
　牛とロバの場合、ひとつのくびきにかけると、力の弱いロバが力の強い牛に引きずられて、苦痛を感じる。
　「ひとつのくびきにかけてはいけない」という教えは、弱者保護の考え方が根底にある。
　社会には力の強い者がいれば弱い者もいる。歩みの速い者がい

れば遅い者もいる。能力や体力に差がある者たちが共存するためには、弱者にしわ寄せが及ばないよう、弱者に合わせなければならないというのが弱者保護の考え方だ。

では、牛と金魚をひとつのくびきに繋いだらどうなるか。ロバの場合は苦痛を感じる程度で済んだかもしれないが、金魚の場合は空中では生きていられない。死んでしまう。

「あ、これは弱者切り捨ての論理だな」とピンと来ただろうか。

表面的な理解では、いいたいことは伝わらない

事実関係に則した正しい意見を述べているにもかかわらず、相手に響かなかったり、議論がかみ合わなかったりする場合は、論点がズレていると考えられる。的が外れた主張を重ねても相手を説得できないし、ひどい場合には相手にもされない。

何が論点かを見極め、それに対する主張や反論をしてはじめて対等に議論ができるのだ。

論点を見極めるには、「相手の主張の背景にはどんな哲学があるのか」を考えてみることだ。

どんな主張にも根底となる考えや哲学が存在する。**相手がこの問題で最も大事だと考えていることは何か**。それが主張の裏にある哲学である。

たとえば世界が問題視する従軍慰安婦問題で、日本への批判が収まらないのは、日本が主張する論点がズレているからだ。

政府の立場は、「日本軍が慰安婦となった女性たちを強制連行した証拠も事実もないから、日本軍の慰安婦制度は悪くない」というもので、「強制したかどうか」を問題にしている。

果たしてこの論点は慰安婦問題の本質なのだろうか? 強制でなければ慰安婦制度は正当化されるのか?

いや、正当化されないだろう。なぜか？

世界はこの問題の何を疑問視しているのか？　その背景にある哲学は何か？——このように考えていけば、慰安婦問題の真の論点がどこにあるかが見えてくるはずだ。

世界が問題にしているのは、強制があったかどうかではない。女性の人権問題こそが真の論点なのである。

「真のメッセージ」に気づくには？

身近なニュースや出来事に対しても「背景にはどんな哲学があるのだろう？」と考えてみることで、論点を見極める力を鍛えることができる。

たとえば全世界で大ヒットしたディズニー映画『アナと雪の女王』（原題『Frozen』）。

主題歌の「Let It Go」を口ずさむのもいいが、「この映画のメッセージは何か？」を議論してみてはどうか。ハリウッドがつくるものにメッセージが秘められていないものはないからだ。

既述のとおり、ハリウッド映画はユダヤ人が築き上げてきた一大産業であり、いまやユダヤの広報機関を担っているといっていい。ハリウッド映画を観れば、ユダヤ人の考える未来がわかる。

そのハリウッドが全世界に向けて投げかけようとしたメッセージは一体何だったのか。『アナと雪の女王』に込められたメッセージとは何か？

ここでは、あえてそのメッセージを解説しておこう。

この映画でユダヤ人が最も感動する場面は、妹のアナが自分の命を犠牲にしてまでも姉のエルザを守ろうとしたクライマックスである。エルザに振り下ろされた刃の盾となり、いったんは凍りついてしまったアナの体が生き返った時、エルザがいう。

「You sacrifice for myself.（あなたは私のために身を投げ出して

くれた)」

　するとアナは、

「Because I love you.（あなたを愛しているからよ）」

と答える。

　この「love」は、日本人が一般的に考える愛とは違う。自らを犠牲にしてまでも姉に与える献身こそ、本当の肉親愛の姿。

　これがハリウッドのユダヤ人が世界に向けたメッセージであり、兄弟姉妹の愛の尊さを訴えるためにあの映画はつくられたのだと私は感じとった。

　まさに、失うものがなければ得るものはない、というユダヤ的哲学なのだ。失ったものとは我が身であり、得たものとはエルザの命つまり姉そのものであった。

　この肉親愛こそユダヤのいうPreferential loveでありUniversal loveとは違うのである。

　このふたつの区別を姉のエルザが未熟だったアナに諭す場面がある。さて読者はそれがどの場面かおわかりになるであろうか？

　物事にはすべてメッセージが込められている。その背景には哲学がある。

　それに気づけるかどうかは、日頃から「なぜ？」と問いかけ議論する習慣にかかっている。

　ニュースや日常のさまざまな出来事も、表面的な理解で終わらせず、「ここにも何かメッセージがあるはずだ。何だろう？」と深く思考することで、そこに込められた哲学にまで触れることができるだろう。

Practice──牛とロバ（2）

トレーニング33

「牛とロバとを同時にひとつのくびきにかけ、鋤を引かせてはならない」

この背景にあるひとつの哲学として、弱者保護の考え方があることは前に示した。歩みの速い者と歩みの遅い者がいる場合、歩みの遅い者に合わせなければならない。

これに対する反論である。

「歩みの遅いロバに合わせていては効率が悪くなる。ここはやはり力のある牛に合わせるべきではないのか？」

[問題]
弱者保護の立場から、これにどう再反論するか。

▶ 価値観に裏付けられた論理を構築する

　ロバに合わせると効率や生産性が落ちるが、反対に牛に合わせれば、牛がどんどん畑を耕してくれるから穀物もたくさん育てられる。そのほうがロバにとっても好都合ではないかという反論だ。
　どこかで聞いたことのある論理ではないだろうか。
　そう、大企業最優先の経済政策、つまり「強者の論理」である。端的にいうと、大企業が儲かれば社会全体の賃金が上がるはずだという理屈である。
　これに対して「弱者保護」の立場から再反論しなくてはならない。どのような論理で反論するだろうか。
　「弱者に合わせる」ことの正当性をどのような論理で組み立てるかがポイントである。

　一例としてこのような論理展開が考えられるだろう。
　——世の中には強者と弱者がいる。百獣の王ライオンもいれば、小さくて弱いネズミもいる。もし、この世の中を強いライオンに合わせたために、弱いネズミが全滅してしまったら、食物連鎖が崩れてライオンも生きながらえないはずだ。
　弱者を切り捨てれば、強者も生きてはいけない。強者と弱者が共存できる社会、すなわち全体調和を目指すことが、強者にとっても生きやすい社会といえるのではないか。
　ユダヤ教では、強者と弱者がいた場合、必ず弱者に合わせるべきだと教えている。そもそも神は、全員を平等にはつくらなかった。なぜ神は強者と弱者をつくったのかを考えていくと、強者と弱者が共存する社会を望んでいるかではないか、との発想に行き着く。
　これまでもくり返し述べてきたように、ユダヤ人は、神の意志は何かを理解するために議論を重ねてきた。その結果たどり着い

た「弱者保護」の立場はハッキリしている。
　「弱者を擁護して国力が衰え、経済が停滞したらどうするのか」と問われたら、「それで構わないじゃないか。弱者が生きていけない社会を神は望んでいない」とユダヤ人は答えるだろう。
　ここまで明確で強い価値観をもつユダヤ人を相手にするには、かなり強力な論理で対抗するしかない。

価値観を貫くためにこそ論理を使う

　宗教による明確な価値基準をもたない多くの日本人も、何が正しくて何が正しくないのかは感覚的にわかっているのではないか。
　大企業ばかりが儲かって、中小企業が搾取される社会はおかしいと、多くの人は憤りを感じている。
　しかし、「では効率や生産性はどうするんだ？」「弱い者を保護してばかりで世界との競争に勝てるのか？」と反論されると口ごもってしまう。
　日本人はどうも自分の立場の正当性を論理立てて説明することが苦手のようだ。
　まずは自分の主張の根幹となる価値観や哲学をしっかりともたなければならない。そのうえで、その価値観や哲学をどのように論理立てて説明するかを考える必要がある。

ユダヤ人の主張に反論するにはどうするか？

　捕鯨問題を例に考えてみよう。
　西洋諸国の捕鯨反対論の背景には、ヘブライ聖書の教えに基づく「捕鯨の残虐性への反発」がある。日本が諸外国を説得する唯一の方法は、この論点に関して日本の正当性を主張することだと述べた。

クジラに銛を突き刺し、苦痛を与えながら殺すことが残虐だと批判されているなら、殺し方を変えるのがひとつの解決方法である。たとえば「注射を使って安楽死させています」のような反論を行えば、反捕鯨国もそれ以上は何もいえないだろう。
　では、殺し方を変えずに反論することはできないのか？
　日本のやっていることは正当な行為だ、日本のクジラの殺し方は間違ってないと真正面から主張できるだろうか。
　——やりようによっては、できる。
　現実的かどうかはさておき、反論する方法はある。

　私なりの回答を示そう。
　西洋社会の精神文化が立脚するヘブライ聖書の哲学と権威に真っ向から挑戦するという方法だ。日本の行為そのものの正当性を裏づける思想体系を打ち立て、反捕鯨国が立脚する思想体系に対抗するのだ。
　つまり、一神教の思想に劣らないほど強く揺るぎない思想体系を独自にもち、反論する以外に方法はない。西洋でよくいわれるように、「宗教に打ち勝つには、宗教で反論するしかない」のである。

　そのための理論はこうだ。
　——人が食べるためなら、野生動物をどんな残虐な方法で殺しても許される。なぜなら、我々の宗教では、食用のためなら動物虐待も許されると明記されているからだ。
　——仮に日本人の宗教が仏教であるとするなら、お釈迦様は食べるためならどのように動物を殺してもいいとおっしゃっているだろうか。もしそうなら、そう主張することだ。
　ただし、主張するだけでは不十分である。
　にわか仕込みの主張ではないと証明するために、宗教学者や西洋の仏教の研究者たちを総動員し、動物虐待容認が経典のどこに

どんな風に書かれているのか、それがヘブライ聖書の動物虐待禁止の思想をどのように上回っているかを、膨大な引用とともに示さなければならない。

ユダヤ教には、過去4000年にわたる議論で積み重ねてきた宗教体系がある。それに対抗できる理論を構築してはじめて、説得力ある反論が可能になるだろう。

過去には同様の方法で絶対的な権威に反論を成し遂げた人物がいた。イギリスのヘンリ8世である。

ヘンリ8世の離婚を認めないとしたローマ法王に対し、イギリス国王を教会の首長とする新制度「Act of Supremacy（首長法）」を打ち立て、ローマ法王の権威に毅然と立ち向かったのだ。

国王を頂点とする新たな宗教体制であるイギリス国教会の樹立には、大勢のヘブライ聖書法学者や宗教家による学術的、思想的裏付けが行われたという。

正当性を主張するのにそこまでしなければならないのか、と思うかもしれない。ヘンリ8世のやり方は誰でも真似できるものではないだろう。しかし、「正当性を論理立てて主張する」とはそういうことである。

自分が正しいと思うことが、相手に以心伝心で伝わると思ってはいけない。それが日本人の悪い癖であり、弱点でもある。**価値観や文化的背景の異なる相手に対しては特に、自分たちの正当性を筋道立てて説明する努力が必要である。**

何が正しく、何が間違っているかは、時代や状況によって変化する。昔は善だったことが、今は悪だったり、またその逆もある。
変化する環境の中で「これが正しい」と周囲を納得させるのは、筋道立った論理だけなのだ。

Practice——聖なる子牛はどっち？

トレーニング34

　トーラでは、「牛から*最初*に生まれた子牛は、神の子ども（聖なる子ども）であり、神に捧げなければならない」と規定されている。

問題

　上記を前提に、次の場合を考えよ。
　妊娠している牝牛の胎内にイタチが首を突っ込み、口にくわえて胎児を引きずり出した。その胎児を、別の牝牛の中に吐き出した場合、この牝牛から生まれてくる子牛は聖なる子どもといえるのか。

🔹抽象化して考えるには？

　イタチが牝牛から取り出した胎児が最初に生まれた子牛なのか、それとも、別の牝牛の胎内に埋め込まれて出産したのが最初の子牛なのか、という議論である。現実にこのようなことが起きるはずはないのだが、これもユダヤ人は真面目に議論している。
　「タルムードはまたわけのわからない議論をしているな」で終わってはいけない。
　考えなければいけないのは、こうした議論を吹っ掛けて何をいおうとしているのかということだ。

　ここで問題にしているのは、「出生とは何か」ということだ。
　つまり、人為的なものが加わって子どもが生まれた場合、聖なる出生といえるかどうかを問う議論なのだ。

　この議論は、現代でもなおホットな問題として議論され続けている。ユダヤでは改宗者を除くと、ユダヤ人の母から生まれた子がユダヤ人となるため、人工授精や代理母は深刻な問題となるのである。
　代理母の問題は難しい議論になっており、卵子を提供した女性が母親なのか、それとも代理出産した女性が母親なのかで意見が対立している。「ユダヤ人の母の卵子」から生まれればユダヤ人か、それとも「ユダヤ人の母の子宮」から生まれれば卵子は異教徒のものでも良いのか、という問題だ。
　遺伝的なつながりを重視すれば、卵子を提供した女性が異教徒で、妊娠・分娩・出産を提供した女性がユダヤ教徒とすると、その子はユダヤ人から生まれたとしてもユダヤ人とならない、となるのか。

ユダヤ教のタルムードの問題設定はすべてRiddleとMetaphorで構成される。

　Riddleとは難問奇問のこと。わかりやすくいえばなぞなぞである。しかもその奇問はすべてMetaphor（隠喩と比喩）であるから文字通りとると答えはすべてトンチンカンになる。

　たとえば、ヘブライ聖書には「目には目を、歯には歯を」と書かれている（申命記19:21、出エジプト記21:24、レビ記24:21）。

　これはどういうことか？

　目と歯が比喩だとわからなければ、「目を抜かれたら抜き返す、歯を折られたら折り返す」という報復をして良いという意味だと考えてしまう。しかし、それはヘブライ聖書のひどい読み間違いになってしまう。

　目も歯もすべては比喩であり、最初の目は受けた被害、後の目は金銭賠償の程度、最初の歯は受けた別の被害、後の歯はその被害に見合う金銭賠償の額をいう。つまり、被害の程度に応じた金銭賠償で償わせるというのがユダヤ教の法律なのである。

　牛の胎児を取り出したイタチの話は、妊娠何週目までの胎児を堕胎したら堕胎罪になるのかという現代の議論にもつながっている。

　Lesson 4でも触れたが、ユダヤ教では40日目までの胎児は母体の一部とみなすが、それ以降は人間と考えるため、40日目以降の堕胎を禁じる説が有力だ。この定義の根底にあるのが、「受精卵はいつから胎児（人間）となるのか、受精の瞬間か、着床の時か、第一の細胞分裂の時か、脳や手足が形成された時か？」という根本的な問題である。

　イタチが牝牛の胎内から引きずり出した胎児と、別の牝牛に埋め込まれて出産した胎児と、どちらが牛の子なのか？

この話からわかることは、**考え、議論することを通じてつかんだ物事の本質や原理は、時代を超えて普遍的な価値基準となり、また未来予測や科学の進歩にもつながる**ということだ。

▍物事の本質や原理を探る

　最後に、「あらゆることを議論の対象とする」ことの大切さを改めて強調しておきたい。

　常識を疑い、権威を疑い、自分の目で見たもの、心が感じたことさえも疑い、「なぜ？」と問いかける。何物にも制限されない自由で発展的な議論からは、物事の本質や原理が見えてくる。**あらゆることを議論することが、知恵につながっていくのだ。**

　物事の本質や原理を探るには、どんな対象でもいいが、「**そもそもこれってどういうこと？**」と議論してみるとよい。

　たとえば「正義とは何か？」について徹底的に議論してみる。

　ニューヨークのマンハッタンにハーバード・クラブがある。そこで定期的に聖書勉強会が開かれており、私も時々参加する。皆でワイワイ聖書の一節を議論するのだ。

　その中で、こんな議論があった。

　キリスト教の考えでは、自分にされたくないことは人にしてはいけない。これが絶対的な論理であり、黄金法則だとされている。「私はナイフで刺されたくない。よって人をナイフで刺してはいけない」という論理だ。

　これに対して、ユダヤ人である私は「本当にそうか？　それは人間社会に共通する絶対の倫理基準なのか？」と議論を吹っ掛けた。

　自分にされたくないことは人にしてはいけないなら、自己防衛のために人を殺すことは許されるのか？

　自分が殺されたくないと思っているなら、自己防衛のために人

を殺すことも許されなくなる。ではリベンジはどうか？
　ある人間が自分の子どもを殺した。その親が敵を討つことは許されるのか？　法の名の下において犯人を捕まえて、死刑を執行することは許されるのか？

　また、ユダヤ人の私はこんな質問もした。
「黄金法則の逆は真なのか？　自分にしてもらいたいことは人にしてもいいのか？」
　たとえば初対面の人からも挨拶代わりにハグをしてほしい人は、誰かれとなく挨拶代わりにハグをしていいのか？
　自分が癌になったら安楽死させてもらいたいと思っている医師は患者を安楽死させてよいのか？
　ほかにも、民主主義の多数決は正義なのか？　戦争での人殺しは許されるのか？　動物は種を超えて交わるのか？　種を超えて生存するのか？　——こうした議論をすべきではないか。

　古代ユダヤの離縁状の話を思い出してほしい。
　離婚を証明するのに、何をもって証明するのか。意思を伝えるだけでいいのか、それとも紙の状態で妻に渡すのか。
　このような議論が屁理屈も交えて行われたわけだが、デジタルの時代になり、紙が使われなくなったいまも、タルムードで議論された「何をもって証明するのか」の原理が生きている。
　紙からデジタルに変わったことで、これまで紙が果たしてきた役割（所有する本人に対して有効であることを証明する）を担うのが、ユーザーネームとパスワードだ。本人しか知らない暗号を使うことで、本人の意思だと確認する電子認証へと発展していったのだ。
　しかし、そのユーザーネームとパスワードがハッキングされたら何をもって本人であることを認証するのか？　そこで考えられ

たのがSecurity Questionだ。本人しか知らないことで確認する。よくあるのが「母親の旧姓」や「ペットの名前」などの質問である。

これも破られたらどうするのか？　次に考えられたのが、本人登録の携帯電話にパスコードをテキストメッセージで送り、それを30分以内に画面に打ち込ませるというやり方だ。

このように日々変化するデジタル社会の**未来を予測するヒントを得るには、時代とともに変わらない物事の本質や原理について徹底的に考える**ことだ。

常識にとらわれず、自分が見たものだけにとらわれず、またその時代に実現可能なことだけにとらわれず、あらゆる制限や縛りから自分を解放して思考し、議論する。

未来を切り拓く鍵がきっと見つかるはずである。

おわりに

～なぜ、日本人はiPhoneをつくれなかったのか？

　今の日本社会は空気を読むこと、体制に従うことばかりを気にする空気に満ち満ちている。
　しかし、日本以外の世界は、人と違うことを主張することでしか存在意義が示せない。人と違うことを主張することが世界の常識なのである。

　たとえば日本にはかつて、ほとんどiPhoneに近い商品があった。それはシャープがつくっていたザウルス（Zaurus）というタッチパネル方式の電子手帳だ。スケジュール管理、住所録、メモ……すべての機能がタッチパネル式で搭載されていた。あとは電話機能を載せればiPhoneそっくりなのである。それは、iPhoneが生まれる以前のことである。
　ところがどういうわけかザウルスはこの世の中から消え、今やiPhone一色になってしまっている。

　よく考えてもらいたいのはその理由である。どうしてザウルスは消え、iPhoneが世界を席巻したのか。
　それは開発者や企業が日本社会の空気を読み過ぎたためではないか。「ああでもない」「こうでもない」「使いづらい」等いろんな意見が出てきたのだろう。それを気にし過ぎて開発者がへこんでしまったのではないか。

　根源的な問題、社会的タブー、いってはいけないことを敢えていう、敢えて議論するという風土がない日本社会の限界がザウルスをiPhoneにできなかった理由だと私は考えている。

スティーブ・ジョブスは場の雰囲気など全く読まなかった。彼は宇宙の彼方を読んでiPhoneを開発したのだ。

　日本人が場の空気に流される民族であることがわかる事例をひとつ紹介しよう。
　あるテレビ番組が佐村河内守氏を特集したところ、彼のつくったといわれる曲は国民的讃歌となり、多くの日本人が必死で買い求めた。しかし、後になってそれはゴーストライターが作曲したものであることが判明した。その途端に全く売れなくなり、CDは店頭から姿を消した。
　日本人はあの曲そのものに感動したのか、それとも作曲家が耳が不自由であるというハンディキャップ・パーソンであったことに感動したのか。
　場の空気に支配されるということは後者であるということだ。
　曲の真価そのものではなく場の空気に左右されたという典型例であろう。曲そのものの真価に感動したなら誰が作曲しようが売れるはずではないか。

　地球が太陽の周りを回っているという地動説、神がすべての生物を創られたということに挑戦したダーウィン、宇宙はビッグバンという爆発から生まれて今も膨張しているという理論を唱えたホーキング博士、これらは場の空気を読まなかった人々が、場の空気、つまりその時の世間の常識に挑戦し世界をひっくり返した例である。
　日本人と日本社会が場の空気を読んでいる間に、日本は株価だけに一喜一憂する"株屋狂左衛門"に朽ち果てようとしている。日本と日本人がいつまでも場の空気を読んでいたらさらに陥落することだって不思議ではない。

おわりに

「STAP細胞は再現性がないから存在しない」という場の空気は正しいか？　再現性が唯一絶対の科学の尺度なのか？
　では、人が猿から進化したことを実験室で再現できるだろうか？　おそらく再現できないだろう。では、ダーウィンの進化論は科学ではないのだろうか？　場の空気は、時に科学の否定に繋がることもある。

　権力を恐れていいたいこともいえない――それが場の空気を読むということだ。
　そういう社会からは革新的な技術や革命的なアイデアは生まれてこない。
　場の空気を読むということは停滞するということである。
　場の空気を読むということは多数に盲従するということである。
　場の空気を読むということは何も創造しないということである。
　場の空気を読むということはリスクをとらないということである。

　場とは現状である。しかも自分が置かれた狭い現状なのである。そんなものを読む人間ばかりの社会が発展しないことは、いうまでもないことだ。

2015年4月　　石角　完爾

● **石角　完爾**（いしずみ かんじ）

1947年京都府生まれ。
京都大学在学中に国家公務員上級試験、司法試験に合格。同大学を主席で卒業後、通商産業省（現・経済産業省）を経て弁護士に。ハーバード大学ロースクール修士号取得、ペンシルバニア大学証券法修士課程修了。1978年ハーバード大学法学校博士課程合格。
ニューヨーク、ウォールストリートの法律事務所シャーマン・アンド・スターリングを経て、現在、東京の千代田国際経営法律事務所所長、代表弁護士。ベルリンのレイドン・イシズミ法律事務所代表。国際弁護士としてアメリカ、ヨーロッパを中心にM＆Aのサポートなどで数多くの実績がある。
2007年、難関の試験を経てユダヤ教に改宗し、ユダヤ人となる。米国認定教育コンサルタント。スウェーデン在住。
著書に、『ファイナル・クラッシュ』（朝日新聞出版）、『お金とユダヤ人』（SBクリエイティブ）、『日本人の知らないユダヤ人』（小学館）、『ユダヤ人の成功哲学「タルムード」金言集』（集英社）等多数。
オフィシャルブログ　http://www.kanjiishizumi.com/
教育コンサルタントのwebサイト　http://www.olive-education.com/
著者エージェント：アップルシード・エージェンシー
　　　　　　　　　http://www.appleseed.co.jp/

ユダヤ式Why思考法
世界基準の考える力がつく34のトレーニング

2015年5月30日　初版第1刷発行
2016年6月10日　　　　第6刷発行

著　　者——石角　完爾　©2015 Kanji Ishizumi
発　行　者——長谷川　隆
発　行　所——日本能率協会マネジメントセンター
〒103-6009　東京都中央区日本橋2-7-1　東京日本橋タワー
TEL　03(6362)4339(編集)／03(6362)4558(販売)
FAX　03(3272)8128(編集)／03(3272)8127(販売)
http://www.jmam.co.jp/

装　　丁——鈴木 大輔、江崎 輝海（ソウルデザイン）
編集協力——前田 はるみ
本文DTP——株式会社明昌堂
印刷・製本——三松堂株式会社

本書の内容の一部または全部を無断で複写複製（コピー）することは、法律で認められた場合を除き、著作者および出版者の権利の侵害となりますので、あらかじめ小社あて許諾を求めてください。

ISBN 978-4-8207-1923-6 C2034
落丁・乱丁はおとりかえします。
PRINTED IN JAPAN

JMAM既刊図書

外資系コンサルが実践する
資料作成の基本 吉澤 準特 [著]

プレゼンや商談、企画提案、上司への報告など、ビジネスのあらゆる場面で必要になる「資料作成」のスキル。本書は、資料作成のプロでもある外資系コンサルタントが実践している、無駄なく、完成度の高い資料を作成するためのスキル、テクニックを網羅的にまとめました。「当たり前」だけどなかなか実践できない基本スキルやテクニック解説します。

A5判280頁

世界No.1コンサルティング・ファームが教える成長のルール

ハイパフォーマー集団が大切にする3つの仕事力

作佐部 孝哉 [著]

2014年ラーニングエリート企業200社中第1位（米国の人材育成最高責任者向け情報誌「CLO」）に輝いた、世界最大規模の陣容を持つアクセンチュア。同社組織・人材戦略の第一人者が、社外のトップビジネスマンや社内のコンサルタントたちの能力開発に活用してきた「成長のルール」を初めて解禁しました。10年かかるスキル習得を3年で得られる育成のしくみ、ノウハウがわかります。

四六判216頁